Andreas Fischer-Lescano
Kolja Möller
Der Kampf um globale soziale Rechte

Andreas Fischer-Lescano
Kolja Möller

Der Kampf um globale soziale Rechte

Zart wäre das Gröbste

Verlag Klaus Wagenbach Berlin

Politik bei Wagenbach. Herausgegeben von Patrizia Nanz.

Umschlaggestaltung/Reihenkonzept: Julie August, Berlin, unter der Verwendung des Bildes © gettyimages. Gesetzt aus der Meridien und der Imago. Bezugsmaterial von peyer graphic, Leonberg. Gedruckt auf chlor- und säurefreiem Papier (Schleipen) und gebunden bei Pustet, Regensburg. Printed in Germany.

ISBN 978 3 8031 3641 1

Inhalt

*»Zart wäre einzig das Gröbste:
daß keiner mehr hungern soll.«*

*Theodor W. Adorno,
Minima Moralia.*

I. Die globale soziale Frage

Finanzmarktkrise, Ernährungskrise, Umweltkrise, Migrationskrise: Die Probleme der Weltgesellschaft sind dramatisch. Sie sind miteinander verwoben und widersprüchlich. Während der Euro-Rettungsschirm auf etwa eine Billiarde Euro gehebelt wird, bringt niemand die 13 Milliarden Dollar auf, die nach Berechnungen der Vereinten Nationen gebraucht werden, um den Welthunger zu stillen. Während die Deutsche Bank für das Jahr 2011 ihren Ertrag auf etwa 10 Milliarden Euro schätzt, leben mehr als 1,3 Milliarden Menschen weltweit in Armut, von weniger als 1,25 US-Dollar pro Tag.

Besonders prekär ist die Situation der Flüchtlinge. 40 Millionen Menschen waren im Jahr 2010 auf der Flucht. Als Ursachen machte der Hohe Flüchtlingskommissar der UN auf einer Rede anlässlich des Berliner Symposiums zum Flüchtlingsschutz im Juni 2010 Urbanisierung, Nahrungsmittel- und Trinkwasserknappheit sowie Rohstoffmangel verantwortlich. Diese globalen Probleme seien »zunehmend ineinander verwoben, verschärfen Konfliktsituationen und verbinden sich auf eine Weise, die Menschen zwingt, ihre angestammte Heimat zu verlassen.«[1]

Die Ereignisse machen es sichtbar: Die soziale Frage ist längst eine globale soziale Frage.[2] Die gesellschaftlichen Konfliktlinien verlaufen nicht mehr primär entlang nationalstaatlicher Grenzen. Weltwirtschaft, Weltpolitik, Weltrecht, Weltwissenschaft leisten alle ihren eigenen spezifischen Beitrag dazu, dass Exklusionslagen entstehen. Die Achsen der Benachteiligung können sich kreuzen und verstärken. Die grenzüberschreitenden Machtverhältnisse sind unübersichtlich und unbarmherzig. Im Extremfall ist nicht einmal das nackte Überleben gesichert.

Die Nationalstaaten halten für diese Probleme nicht mehr die adäquaten Problemlösungen bereit. Das Feld der Akteure hat sich längst verbreitert. Die Sozialpolitikforschung geht davon aus, »dass es einen Raum für Kontroversen und Kämpfe um globale Sozialpolitik gibt, in dem nicht nur Staaten, sondern auch internationale Organisationen und globale soziale Bewegungen agieren.«[3]

In diesem Raum der Kontroversen werden die Krisen der Weltgesellschaft im Zusammenhang thematisiert. So weisen Politikwissenschaftlerinnen und -wissenschaftler auf den Zusammenhang von Klimawandel und globaler Sozialpolitik hin. Die interdisziplinäre Forschungsgruppe FLOOR (Financial Assistance, Land Policy, and Global Social Rights) untersucht die Möglichkeiten einer weltrechtlichen Absicherung des Existenzminimums. Philosophinnen und Philosophen analysieren die Anforderungen globaler Gerechtigkeit und kritisieren scharf, dass »unser Unvermögen, die Armut wirksam zu bekämpfen, nicht nur einen Mangel an Wohltätigkeit dar[stellt], sondern [...] unser aktiver Beitrag zur Verelendung und Tötung von Millionen unschuldiger Menschen« sei.[4]

Wir wollen im Folgenden zeigen, dass auch das Recht mit einem aktiven Beitrag an diesen Missständen beteiligt ist. Das globale Recht hat die Krisensituationen ermöglicht und befördert. Die Global Player der Weltökonomie prägen längst das transnationale Recht. Gestützt auf weltumspannende Verträge der sogenannten *lex mercatoria,* dem staatsfernen Recht der globalisierten Wirtschaft, bewegen sich transnationale Unternehmen auf den globalen Märkten. Sie haben feine Techniken entwickelt, um sich das Recht zu Dienste zu machen und eine Welt nach ihrem Bilde geschaffen: Riesige globale Anwaltsfirmen bieten das juristische Know-How zur Interessendurchsetzung. In der Welthandelsorganisation WTO und bei der Weltbank sind gerichtliche Foren installiert, in denen das Recht des Freihandels und die Rechte privater Investoren gerichtlich durchgesetzt werden.

Überlassen wir die transnationale Rechtspolitik den Global Playern und ziehen wir uns darauf zurück, die Auswirkungen der Globalisierung in nationalen Wohlfahrtsstaaten sozial abzufedern, setzen wir nicht an der Wurzel des Problems an, sondern nur an den Symptomen. Darum gilt es nach Wegen zu suchen, um das Versprechen sozialer Gerechtigkeit auf der globalen Ebene zu erneuern. Um die dafür notwendigen Schritte zu ergründen, wollen wir die folgenden vier Abschnitte an vier Fragenkomplexen ausrichten:

1. Was sind die zentralen Merkmale der globalen Krisensituation?

2. Welche Rolle spielt das globale Recht? Hat es überhaupt Sinn, sich auf das Recht zu beziehen oder unterwirft man sich so einem perfiden Herrschaftsinstrument?

3. Wie ist der aktuelle Stand der globalen sozialen Rechte? Wo sind sie zu finden?

4. Welches sind die konkreten Anknüpfungspunkte im Recht der Weltgesellschaft, mittels derer wir der neoliberalen Globalisierung die Stirn bieten können?

Damit nehmen wir Fragestellungen auf, die die globalen sozialen Bewegungen auf die Agenda gesetzt haben.

Gegenhegemoniale Agenda

Unter der Leitforderung »globale soziale Rechte« und »*global commons*«, am besten wohl als »globale Gemeingüter« oder »Allmenden« übersetzt, reagieren auch Organisationen aus dem globalen Süden und aktivistische Netzwerke auf die Transnationalisierung der sozialen Frage. Sie beziehen sich auf internationale Vereinbarungen wie die Menschenrechtserklärung von 1948, den UN-Zivilpakt und den UN-Sozialpakt (beide 1966) und fordern die dort geschützten sozialen Rechte ein: Schutz der Umwelt, Rechte der Migrantinnen und Migranten und Schutz sozialer Existenzrechte, wie beispielsweise Rechte auf Nahrung, Gesundheit, Mitbestimmung oder soziale Sicherung. Diese Normen werden von den Profiteuren der Globalisierung unterlaufen.

Seit den 1980er Jahren herrscht eine neoliberale Rechtsentwicklung auf der transnationalen Ebene vor. Sie schlägt sich in internationalen Institutionen der Weltwirtschaft, wie der WTO und dem Internationalen Währungsfond (IWF), nieder. Sie drängt auf die Liberalisierung der Märkte und schützt die Global Player, nicht die sozialen Rechte.

Die Anzahl der Akteure, die den Normen des Neoliberalismus eine Agenda globaler sozialer Rechte entgegensetzen, nimmt aber zu: Brasilianische Landarbeiterinnen und Landarbeiter setzen sich für eine Landreform als eine notwendige Vorbedingung für ein Leben ohne Armut und mit Ernährungssouveränität ein und berufen sich auf soziale Menschenrechte. Deutsche Studierende klagen gegen die Einführung von Studiengebühren und berufen sich auf den UN-Sozialpakt, der dazu verpflichtet, das Recht auf freien Zugang zu Bildungseinrichtungen »insbesondere durch die allmähliche Abschaffung von Studiengebühren« zu stärken. Antirassistische Netzwerke in Europa fordern soziale Rechte für illegalisierte Einwanderer ein. »Nomadische Universitäten«, in denen sich Wissenschaftlerinnen und Wissenschaftler und prekär Beschäftigte vernetzen, fordern eine »Charta der sozialen Rechte«. Sie soll ein globales Grundeinkommen, Rechte der Allmende und der Freizügigkeit beinhalten.[5] Das International University College in Turin ruft im Dezember 2011 eine Initiative für eine »European Charter of the Commons« ins Leben, eine »Europäische Charta der öffentlichen Güter«, und will insbesondere den weltweiten Schutz von öffentlichen Gütern wie beispielsweise Wasser durch eine »globale Konstitutionalisierung von unten« verstärken.

Sie alle beziehen sich auf die Kernidee der Menschenrechte: dass jeder Mensch – unabhängig von seiner nationalen Zugehörigkeit – ein Recht auf Rechte hat.[6] Die Forderung nach »globalen sozialen Rechten« steht zunehmend im Mittelpunkt globalisierungskritischer Aktivitäten, die von der Einsicht getragen sind, dass Rechte »in Kämpfen um die Demokratisierung transnationaler Institutionen« zu erstreiten sind.[7]

Das Konzept »globaler sozialer Rechte« knüpft ausdrücklich an die bestehenden sozialen Menschenrechte an. Verschiedene Akteure, Initiativen für die Einführung eines Mindesteinkommens, Gewerkschaften, Umwelt-NGOs (Non-Governmental Organizations) und antirassistische Gruppen, mobilisieren das Label »globale soziale Rechte« und erweitern das klassische Verständnis sozialer Rechte in die Richtung einer Konzeption, die auch Umweltrechte, Migrationsrechte und Rechte auf die Sicherung des Existenzminimums umfasst. Der gemeinsame Bezugsrahmen wird auch als Solidaritätsprojekt verstanden: Danach »zieht sich durch voneinander scheinbar unabhängige, jedenfalls getrennt ausgetragene Auseinandersetzungen ein roter Faden, der sie untergründig miteinander verbindet und vielleicht das Potential eines gemeinsamen Projektes birgt: Geht es doch in ganz verschiedenen Initiativen nicht nur auf den ersten Blick darum, der Globalisierung des Kapitals, der Märkte und der Waren mit einer Globalisierung der Sozialen Rechte zu begegnen.«[8] Insgesamt avancieren die globalen sozialen Rechte zu einer gegenhegemonialen Agenda, die auf eine andere, solidarische Zukunft zielt und sich dafür auf bereits bestehende Rechte berufen kann.

Die transnationale Rahmung soll dabei nicht von den Handlungsspielräumen ablenken, die auch nationalstaatliche Regierungen oder Kommunen weiterhin haben. Sie verschiebt jedoch die Perspektive: Der Übergang in die Weltgesellschaft stellt uns vor neue Herausforderungen. Transnationale Institutionen, schrankenlose Kommunikationsmittel, das transnationale Recht, multinationale Konzerne, soziale Bewegungen, globalisierte ökonomische Produktionsverhältnisse – all das verändert das Handlungsfeld. Antonio Negri und Michael Hardt bringen das auf den Punkt, wenn sie formulieren, dass die Globalisierung kein einheitlicher Vorgang, sondern eine Collage aus widersprüchlichen Prozessen sei, und dass unsere politische Aufgabe darin liege, »nicht einfach [...] gegen diese Prozesse Widerstand zu leisten, sondern sie umzugestalten und in Richtung auf andere Ziele zu lenken. Im schöpferischen Vermögen der *Multitude,* der Menge, die das Empire trägt, liegt gleichermaßen die Fähigkeit, ein Gegen-Empire aufzubauen.«[9]

Das Interesse an einem »Gegen-Empire« ist der Ausgangspunkt der Forderung nach einer transnationalen Rechtspolitik, die soziale und ökologische Gerechtigkeitsaspekte in den Vordergrund stellt und auslotet, wie die Potentiale der Weltgesellschaft genutzt werden können, um Alternativen zu den bestehenden sozio-ökonomischen Verhältnissen durchzusetzen.

Rechtspolitische Kämpfe

Der emanzipatorische Leitbegriff der globalen sozialen Rechte setzt nicht auf institutionelle Großentwürfe. Die Forderung nach einem Weltstaat wird die sozialen Konflikte nicht lösen. Es gilt vielmehr, an den Konflikten selbst anzusetzen und mit einer alternativen Rechtspolitik in die Kämpfe um das globale Recht einzusteigen.

Im Anschluss an die eingangs genannten Fragenkomplexe charakterisieren vier Leitmotive diese Herangehensweise:

1. *Die soziale Frage stellt sich grenzüberschreitend, mit anderen Worten: als globale soziale Frage.* Es genügt nicht, die Widersprüche im Nationalstaat politisch einzuhegen, um die soziale Frage des 21. Jahrhunderts zu beantworten. Selbst der Abbau sozialer Rechte in den Nationalstaaten ist oft von Entwicklungen und Institutionen abhängig, die sich dem unmittelbaren Zugriff durch die politischen Institutionen der Nationalstaaten entziehen. Finanzkrise, Klimawandel und Welternährungskrise haben ihre Ursachen in der Weltgesellschaft. Wir müssen sie auch auf dieser Ebene angehen.

2. *Die Weltgesellschaft ist von neuen Widersprüchen, Kollisionen und Fragmentierungen bestimmt. Das globale Recht ist Teil dieser Widersprüchlichkeit und damit Teil des Problems.* Schon längst operieren große Konzerne auf transnationalem Terrain und das transnationale Recht spielt dabei eine zentrale Rolle. Es bietet dem Neo-

liberalismus Rechtssicherheit, den Unternehmen weltweite Handlungsspielräume, den Investorinnen und Investoren Eigentumsschutz, dem Staat Legitimationsgründe für militärisches Handeln. Den eklatanten Risiken einer entfesselten Weltwirtschaft, den transnationalen Unternehmen, den fundamentalen sozio-ökonomischen Konflikten der Weltgesellschaft ist allein durch moralische Appelle und unverbindliche politische Absichtsbekundungen nicht beizukommen. Das globale Recht muss durch eine Rechtspolitik verändert werden, die an sozialer und ökologischer Gerechtigkeit orientiert ist.

3. *Durch die globalen sozialen Rechte kann ein Gegen-Recht entstehen. Es soll gewährleisten, dass die Weltgesellschaft selbst und nicht länger die wirtschaftlichen und politischen Profiteure der Globalisierung die globale Sozialordnung bestimmen.* Längst liegt mit den sozialen Menschenrechten der UN-Pakte, mit der europäischen Sozialcharta und den Kernarbeitsnormen der Internationalen Arbeitsorganisation (ILO) ein Korpus globaler sozialer Rechte vor, der als Ausgangspunkt für die Kämpfe ums Recht dienen kann. Ziel muss es sein, die dort festgehaltenen Versprechungen auf soziale und ökologische Sicherheit, demokratische Partizipation und Teilhabe auch einzulösen.

4. *Die rechtspolitischen Arenen, in denen eine Stärkung globaler sozialer Rechte erforderlich ist, sind vielfältig.* Im Nationalstaat ist darauf zu dringen, die globalen sozialen Rechte vor den Gerichten verbindlich zu machen, um die Überwachungsverfahren der UN-Pakte und der ILO zu stärken. Auf europäischer Ebene muss die Sozialcharta eine zentrale Rolle erhalten. Die demokratischen Entscheidungsverfahren in Europa sind auszubauen. Die europäische Sozialunion der Bürgerinnen und Bürger muss den wirtschaftlichen Zweckverband Europa ersetzen. Auf der transnationalen Ebene sind internationale Organisationen wie die UN und die WTO, aber auch Nichtregierungsorganisationen und transnationale Unternehmen zur Einhaltung der globalen sozialen Rechte zu verpflichten.

II. Transnationale Konstellation

Zunächst stellt sich die Frage, wie die Ausgangssituation im Kampf um globale soziale Rechte beschaffen ist? Was sind die Merkmale der transnationalen Konstellation?

In der öffentlichen Diskussion werden unter dem Schlagwort »Globalisierung« eine Vielzahl von Phänomenen verbucht: das Anwachsen weltweiter ökonomischer Austauschbeziehungen, die zunehmend wichtige Rolle internationaler Institutionen, aber auch die Vernetzung nationaler Staatsgewalten. Dabei kratzt die Globalisierungsdiskussion allerdings häufig nur an der Oberfläche und dringt nicht zu den tieferen Strukturen vor, die den Übergang zur Weltgesellschaft prägen: Die transnationale Konstellation ist nicht nur der Ausdruck von internationaler Staatenkooperation und Welthandel. Ihr Verständnis erfordert eine weitergehende Perspektivenänderung. Durch die zunehmende Vernetzung der weltweiten Sozialbeziehungen in den unterschiedlichsten gesellschaftlichen Sektoren erschöpfen sich die Phänomene der Globalisierung keineswegs in der grenzüberschreitenden kapitalistischen Weltwirtschaft. Die Vorgänge sind nicht auf Wirtschaft und Politik beschränkt, sondern erstrecken sich über Religion, Kunst, Bildung bis hin zu Technik- und Risikoregulierung, zu transnationalen Öffentlichkeiten und zum Cyberspace. Das internationale Staatensystem bleibt weiterhin wichtig, nimmt aber kein absolutes Gestaltungsprimat mehr ein. Die Weltgesellschaft ist eine Gesellschaft ohne Spitze und ohne Zentrum. Es gibt nicht mehr den zentralen Ort politischer Entscheidung im einheitlich aufgebauten Staatswesen.

In der komplexen Weltgesellschaft entscheiden die rasanten Risikobewertungen der Rating-Agenturen über die Bonität der Nationalstaaten, entsteht ein Anpassungsdruck der nationalen Bildungssysteme durch die Wissensakquise der Organization for

Economic Co-operation and Development (OECD) und bilden sich kritische Öffentlichkeiten in sozialen Netzwerken, um autoritäre Regime zu stürzen. Diese Dezentrierung und Ausdifferenzierung der Weltgesellschaft ist janusköpfig. Sie bietet neue Chancen und verändert die Machtverhältnisse, produziert aber auch massive Gefährdungslagen.

Genau hier stellt sich die globale soziale Frage: Zuvorderst die Akteure der Weltwirtschaft und der Finanzmärkte haben in den letzten Jahren ihre Interessen zu Lasten von Umwelt und sozialer Gerechtigkeit massiv gesteigert. Aber auch Weltwissenschaft und -technik produzieren neue Umwelt- und Gesundheitsrisiken. Mit ihrer Ausdifferenzierung bilden Sozialbereiche die Tendenz aus, ihre gesellschaftliche Umwelt ihren eigenen Gesetzen zu unterwerfen.

In dieser transnationalen Konstellation haben etwa die WTO, die Weltbank oder die *lex mercatoria* eine dominante Rolle eingenommen und suchen ihr marktliberales Esperanto zu universalisieren, um ihre Interessen, Denkformen und Eigengesetze allen anderen gesellschaftlichen Sphären aufzuzwingen. Der systemische Wille zur Macht drückt sich in der starken Rolle aus, die polit-ökonomische Institutionen, wie die WTO oder der IWF, spielen. Sie schaffen einen regulativen Rahmen für die globalen Produktionsverhältnisse.

Aber nicht nur die politischen Institutionen nehmen im Prozess der Global Governance zu, sondern auch die rechtlichen Institutionen. Rechtsnormen und Gerichtsbarkeiten stoßen in immer mehr Bereiche der Weltgesellschaft vor. Es gibt scheinbar nichts, was sich nicht als Rechtsfrage darstellen und entscheiden ließe. Die Staaten haben Gerichte wie den Europäischen Gerichtshof oder die regionalen Menschenrechtsgerichtshöfe, den Internationalen Seegerichtshof, den ständigen Internationalen Strafgerichtshof oder die Überwachungsorgane der universellen Menschenrechtspakte errichtet; die Vereinten Nationen setzen strafrechtliche Ad-hoc-Tribunale ein; sogenannte Hybrid-Gerichte ahnden auf internationale Veranlassung in Osttimor und anderswo Völkerrechtsverbrechen. Aber auch nationalstaatliche Gerichte übernehmen Funktionen als Weltgerichte, wenn beispielsweise US-amerikanische Gerichte Schadensersatzansprüche wegen schwerer Menschenrechtsverletzungen in Südamerika verhandeln. Aktuelles Beispiel ist die Klage von Opfern der argentinischen Militärdiktatur bei einem US-Gericht gegen DaimlerChrysler wegen der damaligen Verstrickungen des Mercedes-Benz-Werkes in Buenos Aires in das Verschwindenlassen von Betriebsratsmitgliedern.

Und auch jenseits der staatlich eingerichteten Weltgerichtsbarkeit vervielfältigen sich die Foren: Die *lex mercatoria* wird von den transnationalen Unternehmen mittels privat eingerichteter Schiedsgerichte durchgesetzt. Zugleich avancieren internationale Streitschlichtungseinrichtungen, wie das bei der Weltbank errichtete Internationale Zentrum zur Beilegung von Investitionsstreitigkeiten ICSID, zu globalen Gerichten.

Das Recht ist also längst transnationalisiert, berechtigt und verpflichtet Individuen, Staaten, transnationale Unternehmen. Das transnationale Recht wird aber nur dann auf die Grundsätze sozialer und ökologischer Gerechtigkeit verpflichtet, wenn man in dieses Recht – Otto von Gierke hat es anlässlich der Erarbeitung des deutschen Bürgerlichen Gesetzbuchs im 19. Jahrhundert treffend formuliert – den notwendigen »Tropfen sozialistischen Öls durchsickern«[10] lässt.

Krisennetzwerk: Das Beispiel der Welternährung

Plastisch wird die Komplexität der transnationalen Konstellation an den Antworten auf die weltweite Ernährungskrise. Dort laufen die verschiedenen Krisenlinien mit verheerender Auswirkung zusammen. Kurz bevor sich im Jahre 2009 die G20-Staaten zu ihrem Gipfel in Pittsburgh versammelt hatten, veröffentlichte der Berichterstatter der Vereinten Nationen für das Recht auf Ernährung, Olivier de Schutter, eine Erklärung. Er forderte die

G8 und die G20 auf, nicht nur über die Wirtschafts- und Finanzkrise zu beraten, sondern auch Absprachen zur Bekämpfung der weltweiten Ernährungskrise zu treffen: »Wie der Kollaps großer Banken beinhaltet auch die Hungerkrise systemische Risiken.«[11]

Und in der Tat: Parallel zur Weltwirtschaftskrise gibt es seit 2008 eine intensivierte, weltweite Ernährungskrise. Allein im Jahr 2008 sind durch die Explosion der Lebensmittelpreise über 40 Millionen Menschen zusätzlich in den Hunger gestürzt worden, was die Zahl der weltweit Hungernden auf über eine Milliarde vergrößert hat. An Hunger sterben täglich mehr Menschen als in allen militärischen Krisenherden der Welt.

Die Gründe für die massiv wachsende Zahl der Hungernden liegen, das hat ein Bericht der Weltbank aus dem Jahr 2011 eindrücklich klargestellt,[12] vor allem in der Kommodifizierung der Nahrungsmittelproduktion, den Preisschwankungen auf dem Agrarmarkt und der Wirtschaftskrise. Insbesondere die 82 Low-Income-and-Food-Deficit-Länder, welche zur Deckung ihres Eigenbedarfs auf Nahrungsmittelimporte angewiesen sind, wurden von der Krise hart getroffen.

Die Welternährungskrise ist jedoch nicht nur eine Versorgungskrise. Zusätzlich macht sich die Klimakrise bemerkbar, die es in ganzen Regionen unmöglich macht, überhaupt noch Landwirtschaft zu betreiben. Dass die derzeitige Welternährungskrise keine simple Rückkehr scheinbar alter Phänomene der Unterernährung darstellt, tritt noch deutlicher hervor, wenn man die ökonomische Struktur des globalen Agrarsektors näher betrachtet. Weltweite Spekulationen auf Nahrungsmittel und die großen Agrarkonzerne prägen hier das Geschehen. Das sogenannte Agrobusiness, zu dem große Agrarkonzerne wie Monsanto zu zählen sind, setzt auf den industriellen Anbau und die Expansion von Monokulturen zu Lasten ökologischer und kleinbäuerlicher Strukturen.

Sie besitzen etwa die Patente für gentechnisch verändertes Saatgut und verkaufen dieses mit entsprechenden Pestiziden zu hohen Preisen an landwirtschaftliche Betriebe. Wer nach einer

Missernte das Geld für die neueste Pflanzentechnik nicht mehr aufbringt, geht bankrott. Wer nicht mitmacht, wird verklagt, sobald sich auf seinem Feld patentierte Pflanzen nachweisen lassen.

Großkonzerne sichern sich ganze Landstriche im globalen Süden, treffen Absprachen mit den dortigen Regierungen und verjagen die Kleinbauern von ihren Anbaugebieten. Meist kultivieren die Agrokonzerne dort Monokulturen, etwa Soja, der in das Heimatland des Konzerns als Futtermittel zurückgeführt wird, oder Palmöl, um sogenanntes Agro-Fuel herzustellen. Zwischenzeitlich hat sich ein eigener Begriff für diese Enteignungspraktiken etabliert: Landgrabbing.[13]

Während sich in den 1990er Jahren die ausländischen Direktinvestitionen in den Agrarsektor auf etwa 600 Millionen jährlich beliefen, sind sie im Zeitraum von 2005 bis 2007 auf durchschnittlich 3 Milliarden Dollar angestiegen.[14] So führt ein struktureller Wandel zu einer wachsenden Globalisierung des Agrargeschäfts. Große transnationale Unternehmen dominieren diesen Prozess. Schätzungen zufolge sind circa 50 Millionen Hektar Land in Lateinamerika, Asien und Afrika betroffen. Neben dem Geschäft geht es bei diesen Landdeals auch um geostrategische Interessen und Einflusssphären. Angesichts der Klimakrise und des Bevölkerungswachstums in vielen Teilen der Welt ist die Ernährungsfrage zu einer geostrategischen Machtfrage geworden. Häufig kooperieren deshalb die Agrarkonzerne mit den Regierungen ihrer Herkunftsländer, aber auch mit den Regierungen der Länder des globalen Südens, um sich Wettbewerbsvorteile im anstehenden Kampf um die Ernährung zu sichern.

Das schillerndste Beispiel für diese Entwicklung ereignete sich in Madagaskar. Hier wollte der südkoreanische Konzern Daewoo 1,3 Millionen Hektar Land erwerben. Nach Angaben der NGO Grain war vorgesehen, ausschließlich Mais und Palmöl zu kultivieren, um die Erträge wieder zurück nach Südkorea zu schiffen. Madagaskar gehört zum ärmsten Drittel der Welt und ist von Unterernährung und Armut geprägt. Das Landgrabbing verursacht einen gravierenden Rückschlag in der ohnehin schon schlechten Versorgungssituation des Landes. Die dortige Regierung hatte den Deal mit Daewoo mitgetragen, bis sie von breiten Protesten gegen die Landnahme des Daewoo-Konzerns gestürzt wurde. Die neue Regierung vermochte es, den Deal rückgängig zu machen, und der Daewoo-Konzern hat sich vorerst aus dem Geschäft zurückgezogen.

Doch woher rühren diese skandalösen Entwicklungen, die die Welthungerkrise verschärfen und ganze Bevölkerungsgruppen enteignen? Hier schließt sich der Kreis zur Forderung des UN-Berichterstatters an die G20. Die NGO Grain sieht einen direkten Zusammenhang mit der Krise der Finanzmärkte: »Aufgrund des Zusammenbruchs der Finanzmärkte wenden sich die verschiedensten Player der Finanz- und Nahrungsmittelindustrie dem Faktor Land zur Nahrungs- oder Treibstoffmittelproduktion als Profitquelle zu. Das gilt für die Investmenthäuser, die die Arbeiterpensionen verwalten, die Private Equity Funds, die auf schnellen Umsatz aus sind, die aus den kollabierenden Derivatenmärkten vertriebenen Hedge Funds und die Börsenhändler auf der Suche nach neuen Wachstumsmärkten gleichermaßen.«[15]

Dieses Wechselspiel leuchtet sofort ein. Durch die Wirtschaftskrise haben sich Finanzmarktprodukte als sehr risikoreich erwiesen. Es beginnt die Suche nach anderen zukunftsfähigen Anlageoptionen jenseits der Kapitalmärkte. Das Agrarland erhält hier offensichtlich eine neue Bedeutung: Es wird zur Ware gemacht und zu einem gesamten Wirtschaftszweig ausgebaut. Dabei steigert sich seine Attraktivität als Investitionsgut dadurch, dass der Klimawandel ihn absehbar verknappen wird. Denn Extremwetterlagen werden zunehmen und damit ganze Landstriche im Meer versinken. Der Treibhauseffekt wird weiter verstärkt durch die Expansion einer industriell betriebenen Landwirtschaft, die auf den Einsatz von Chemikalien und den Raubbau an der Natur setzt. Mit unterschiedlichen Krisendynamiken setzen sich Wirtschafts-, Ernährungs- und Klimakrise zu einer sozialen Krise der Weltgesellschaft zusammen. Natürlich bleiben diese Entwicklungen auch nicht ohne Auswirkungen auf Migrationsbewegungen: Die Weltbank macht die hohen Nahrungsmittelpreise als eine der maßgeblichen Ursachen für die Flüchtlingsströme aus. Eine Antwort auf diese Krisendynamiken, auch dies macht die Weltbank in ihrem Bericht deutlich, kann nicht mehr in einzelnen Sektoren erfolgen: Sie fordert eine »integrierte Agrarwirtschafts-, Nahrungsmittelsicherheits-, Armuts- und Klimawandel-Agenda.«[16]

Strukturmerkmale der Krisen

Vorläufig lassen sich also insbesondere zwei zentrale Strukturmerkmale der Krisenkonstellation bestimmen.

Die verschiedenen Krisen in den Sektoren der Weltgesellschaft vernetzen sich. Die Welternährungskrise hängt direkt mit der Weltwirtschaftskrise und der Klimakrise zusammen. Agrobusiness und Landgrabbing gelten als profitable Anlageoption und Alternative zu den risikoschwangeren Finanzmärkten, und die Landverteilung ist angesichts der Auswirkungen der Klimakrise ein geostrategisches Auseinandersetzungsfeld mit zentraler Bedeutung. Nicht nur, dass die Klimakrise den Agrarsektor und damit die Ernährungssicherheit der Weltbevölkerung massiv beeinträchtigt. Auch werden Migrationsbewegungen von Umweltflüchtlingen – die nicht nur den globalen Norden, sondern sehr viel stärker die jeweiligen Nachbarregionen betreffen – zu neuen Herausforderungen für die Ernährungs- und Versorgungssicherheit. Die Vernetzung der Krisen stellt ihrerseits Anforderungen an rechtliche und politische Reaktionsmuster, die bisher vor allem eindimensional geprägt waren.

Solche eindimensionalen Reaktionsmuster haben fatale Folgen auch für die jeweils anderen Krisensektoren: Wenn beispielsweise die WTO und das Internationale Investitionsschutzgericht ICSID auf die Öffnung der Märkte und den Schutz der transnationalen

Investoren setzen, hat dies nachteilige Auswirkungen auf die Ernährungssituation in den Ländern des globalen Südens. Durch die Marktöffnung müssen deren Produkte mit den Überschussproduktionen anderer Agrarsektoren, auch preislich, konkurrieren. Der Aufbau eigener Versorgungsstrukturen fällt schwer, wenn die ansässigen Landwirtschaftsbetriebe ausschließlich für den Weltmarkt produzieren. Und das transnationale Investitionsschutzrecht, dessen Ziel die Durchsetzung von Eigentumsrechten transnationaler Investoren ist, schützt in erster Linie Investoren wie Daewoo und nicht die Kleinbauern Madagaskars, zumal diese selten formale Eigentumspapiere an ihrem Land nachweisen können.

Kurzfristige Fonds zur Bekämpfung der Welternährungskrise sind zwar sinnvoll, doch nur eine tiefgreifende Transformation der Agrarproduktion und eine Abkehr vom Agrobusiness können die Ernährungskrise nachhaltig lindern. Auch hier ist der Klimawandel zu berücksichtigen: Ein Agrarmarkt, auf dem Produkte mit Schiffen und Lkws um die halbe Welt gefahren werden, ist mit einer Politik gegen den Klimawandel nicht vereinbar.

Das zweite Strukturmerkmal der Krise ist ihre weltgesellschaftliche Dimension. In Madagaskar waren Kleinbauern und große Teile der Bevölkerung in Koalition mit transnational operierenden Nichtregierungsorganisationen erfolgreich in ihrem Protest gegen Daewoo. Solche Konfliktkonstellationen weisen darauf hin, dass längst nicht mehr die Staaten alleine das Recht der Weltgesellschaft bestimmen. Sie sind weiterhin wichtig, aber eben nicht die einzigen Akteure auf einem Terrain, das auch von transnationalen Institutionen, von sozialen Bewegungen, NGOs und Großkonzernen besetzt ist und auf dem die Occupy-Bewegung, die globalisierte Arbeiterbewegung, Umweltaktivistinnen und -aktivisten, Feministinnen, von Seattle bis Genua die öffentlichen Anliegen durch eine globale *colère publique* einbringen.

Die Einmischung in den Kampf um die globalen sozialen Rechte durch Skandalisierung von Unrecht, durch vernetzte Tätigkeit mit Nichtregierungsorganisationen und Opferanwältinnen und -anwälten, durch Interventionen in Rechtsverfahren und staatliche Vertragsverhandlungen ist kein von vornherein aussichtloses Projekt. Vielmehr zeigen sich im Kampf um die Hegemonie im globalen Recht viele Ansatzpunkte für rechtskreative soziale Bewegungen.

Gerade solche Initiativen, »die auf die Durchsetzung der Unternehmensverantwortung bei Umwelt- und Menschenrechtsverletzungen zielen, aber auch einzelfallbezogene Bewegungen wie die Anti-Landminen-Bewegung haben es unternommen, einen Konsens in der Weltgesellschaft zu produzieren, der auf alternative Wege zur nachhaltigen Entwicklung, Frieden und Demokratie gerichtet ist.«[17]

Dass die Globalisierung sich unter der Ägide eines marktliberalen Kapitalismusmodells etablieren konnte, ist also die schlechte Nachricht. Aber die transnationale Konstellation schafft auch Potentiale dafür, eine neue Rechtspolitik zu entwickeln, die direkt in der Weltgesellschaft ansetzt. Der französische Philosoph Jacques Derrida hat diese Chance schon benannt, als er das Gespenst einer »neuen Internationalen« herbeirief, die »nach einem neuen internationalen Recht sucht.«[18]

III. Emanzipation durch transnationales Recht?

Aber schafft sich nicht der globale Norden ein neues Recht nach seinem Bilde? Ist das globale Recht nicht eine mehr oder minder subtile Form der Industriestaaten, den globalen Süden weiterhin in Abhängigkeit zu halten?

Das globale Recht ist wie alles Recht immer Teil der entfremdeten gesellschaftlichen Verhältnisse – und damit Teil des Problems. Durch Recht wird die Welt, die von politischen Ausnahmezuständen, von militärischen Entscheidungszwängen, ökonomischen und ökologischen Krisen geprägt ist, nicht automatisch gerecht.

Die klassische Rechtskritik hat stets darauf hingewiesen, dass das moderne Recht ein Herrschaftsinstrument ist. Ihr Argument zeichnet sich besonders in der transnationalen Konstellation ab: Das Recht errichtet einen Schleier der Gleichheit und verbirgt so die realen sozio-ökonomischen Ungleichheiten. Nicht alle haben gleichen Zugang zu den Rechtsverfahren. Wer kann beispielsweise den transnationalen Unternehmen und den global handelnden Anwaltsfabriken mit gleicher Schlagkraft entgegentreten? Wer verfügt über das Know-how, ein Verfahren vor dem Internationalen Gerichtshof zu führen?

Idealisierte Hoffnungen auf eine Zivilisierung der Welt durch das Recht können sich leicht als naiv erweisen, stellt man nicht in Rechnung, dass die Ausgangsbedingungen in diesem rechtspolitischen Kampf äußerst ungleich sind.

Das Recht verleiht den globalen Gewaltverhältnissen zunächst einmal nur den liberalen Deckmantel, dass alles mit weltrechten Dingen zugehe.

Die Instrumentalisierbarkeit selbst der Menschenrechte ist die zentrale Erkenntnis kritischer Theorien des Rechts. Auch auf globaler Ebene ist es offensichtlich, dass diese Gefahr virulent ist: In ökonomischer Hinsicht kann eine Instrumentalisierung der Menschenrechte insbesondere bei der Kreditvergabe vom IWF und der Weltbank beobachtet werden. Die Schlagworte Menschenrechte und Good Governance stehen vor allem für die wirtschaftspolitische Orientierung des jeweiligen Kreditnehmers an einer effektiven Freihandelspolitik; der Schutz dient den liberalen Menschenrechten, den Eigentumsrechten der Investoren und den Patentrechten der transnationalen Unternehmen.

Die Menschenrechte erschöpfen sich aber nicht in ihrer dienenden Funktion bei der Festschreibung ökonomischer Eigentumsverhältnisse. Auch die Sicherheitspolitik sucht sich die Menschenrechte dienstbar zu machen. So interpretieren manche auch im Zuge sogenannter »humanitärer Interventionen« die Menschenrechte zu Eingriffsnormen um.[19] Die Unbestimmtheit der Menschenrechte wird interessegeleitet zum Ausgang von Interpretationsarbeit genommen, die Gewaltanwendung durch umgedeutete Menschenrechte legitimiert.

Recht zwischen Herrschaft und Emanzipation

All dies ist aber nur eine Seite der Medaille. Denn es lässt sich genauso zeigen, wie Nichtregierungsorganisationen und Netzwerke ihre Anliegen in der Sprache der Menschenrechte artikulieren und dabei Unrecht in einer transnationalen Öffentlichkeit skandalisieren.

Die nachholende Sozialisierung des transnationalen Rechts hat nichts mit der Neuauflage des Juristen-Sozialismus zu tun. Es geht nicht darum, den Sozialismus rechtlich zu interpretieren, sondern das globale Recht sozialistisch zu interpretieren und Rechtsnormen zu entwickeln, die eine sozial gerechte Gesellschaftsordnung ermöglichen. Um es mit Friedrich Engels und Karl Kautsky zu sagen: Wir müssen die sozialen und demokratischen »Ansprüche in der Gestalt von *Rechtsforderungen* in einem Programm formulieren«.[20] Der Kampf um globale soziale

Rechte ist ein emanzipatorisches Projekt, wenn wir soziale Ansprüche in der Gestalt globaler Rechtsforderungen formulieren und die bestehenden Rechte in diesem Geiste interpretieren und reorganisieren.

Die Offenheit der Menschenrechte ermöglicht auch ihre Orientierung an emanzipativen Anliegen: »Wenn elementare Menschenrechte für einen Großteil der Menschheit vermeidbarerweise nicht erfüllt sind, dann muss unsere internationale Institutionenordnung als ungerecht gelten, wenn sie zu diesem Menschenrechtsdefizit beiträgt.«[21]

Insofern wird an der Menschenrechtspolitik deutlich, wie widersprüchlich und paradox das Recht zwischen Herrschaft und Emanzipation, zwischen Instrumentalisierung und emanzipatorischer Vergesellschaftung hin- und hergerissen wird. Diese Doppelgesichtigkeit des Rechts ist Ausgangspunkt vieler Warnungen. Warum sollten sich die Subalternen gerade des Mittels bedienen, das als »Garantie einer bestehenden Gesellschaftsordnung«[22] fungiert und die maßgeblichen Strukturen zur Wiederholbarkeit von Herrschaftsakten bereithält?

Dies bildete bereits die zentrale Frage der kritischen Rechtstheorien der 1920er und 1930er Jahre im Umfeld der Frankfurter Schule. Insbesondere aus den Arbeiten von Franz Neumann und Otto Kirchheimer lassen sich für die transnationale Konstellation wichtige Erkenntnisse ziehen.

Kirchheimer und Neumann haben die Funktionsweise und die Instrumentalisierbarkeit des Rechts schonungslos beschrieben. Ihr gemeinsamer Ausgangspunkt ist, dass mit dem modernen Recht eine verselbständige soziale Form entsteht, die von Politik und Wirtschaft unabhängig ist. Neumann hat diesen Umstand so formuliert, dass das Recht »relativ unabhängig« sei. Recht ist eingebettet in soziale Verhältnisse. Dabei hat Neumann gesehen, dass der ökonomistische Bezug für die Beschreibung der Rechtsfunktion nicht ausreichend ist, sondern dass es vielfältige Beziehungen des Rechts auch zu Politik oder Wissenschaft gibt: Politische, religiöse und geistige Strukturen, aber auch Familienstrukturen seien Realitäten, die sich auf das Recht genauso auswirkten wie die Ökonomie.[23]

Auch Otto Kirchheimers Analysen zur Verrechtlichung setzen an dieser Autonomsetzung des Rechts gegenüber anderen gesellschaftlichen Sphären an und beschreiben akribisch die ausufernden Juridifizierungsprozesse, die sich bis in die entlegensten Ecken der Gesellschaft erstrecken: »Man schritt auf allen Gebieten zur Verrechtlichung.«[24] Alles wird dem Rechtsdiskurs unterworfen: die Verwaltung, die Wirtschafts- und Unternehmensverfassung, die Arbeitnehmerinnen- und Arbeitnehmer-Mitbestimmung, das Bildungssystem, bis in die Familien- und Intimstsphäre hinein. Die Diskurstheorie hat diesen Gedanken aufgenommen und zugespitzt als Kolonialisierungstendenzen der Funktionssysteme beschrieben.[25]

Die Kolonialisierung durch Recht überführt alle gesellschaftlichen Probleme und Widersprüche in rechtliche Fragen. Die kompliziertesten Konflikte der Weltgesellschaft werden in rechtlichen Verfahren verhandelt, in rechtliche Begriffswelten übersetzt, häufig bis zur Unkenntlichkeit in Prinzipienkonflikte verwandelt und letztlich nach rechtlichen Regeln entschieden; keine weltgesellschaftliche Frage, über die nicht mehr in der Sprache des Rechts, in den Programmen des Rechts, im Code des Rechts geurteilt werden kann. Zentrale Akteure dieser Fundamentalverrechtlichung sind die transnational wirkenden Gerichte, die Juristinnen- und Juristenelite, Anwaltskanzleien, transnationale Unternehmen und NGOs. Alle sind daran beteiligt, gesellschaftliche Strukturen durch die Rechtsform zu stabilisieren.

Im Extremfall werden die wesentlichen Fragen nicht mehr in demokratisch organisierten Foren, sondern expertokratisch vor den Gerichten dieser Welt entschieden, sei es durch das Bundesverfassungsgericht, durch den Europäischen Gerichtshof oder den Internationalen Gerichtshof.[26]

Kirchheimer hat als erster die subtilen Mechanismen der Rechtsform in ihrer Tendenz beschrieben, sich die gesellschaftlichen Verhältnisse zu unterwerfen, zu verfremden und zu entscheiden. Auch seine Schlussfolgerung kann wichtige Impulse für eine transnationale Rechtspolitik geben. Denn er hat nicht etwa die Forderung nach einer Entrechtlichung entwickelt, was zu simpel und auch unrealistisch wäre. Kirchheimer hat die Chancen einer alternativen Rechtspolitik dadurch realistisch eingeschätzt, dass er die Analysen von Karl Marx mit einem Politisierungsimpuls verbindet: Von Marx übernimmt er die Beobachtung, dass sich gesellschaftliche Verhältnisse ausdifferenzieren und ein Teilbereich seine selbstreferentiell-expansiven Tendenzen zum Schaden anderer Gesellschaftsbereiche ausleben kann. Was Marx für die Wirtschaft analysierte, dass sich dieser Bereich strukturell verselbständigt und eine autonome Warenform produziert, arbeitet Kirchheimer für Recht und Rechtsform aus.

Er kombiniert diese marxistische Analyse mit der Perspektive politischer Rechtswissenschaft,[27] indem er das Politische dieser Autonomsetzung freilegt. Für die Kleingeister der Rechtsarbeit, die meinen, im Recht gehe es unpolitisch zu und das objektive Recht zu erkennen sei eine rein wissenschaftliche Aufgabe, hat er nur Verachtung übrig. Rechtsentscheidungen sind für ihn keine Rechenaufgabe, sondern Ergebnis rechtspolitischer Kämpfe.

Nehmen wir die Verrechtlichungsdiagnose auf, hat das aber Konsequenzen für die Form dieser Kämpfe: Sie beziehen sich in der verrechtlichten Gesellschaft immer schon aufs Recht und den Rechtscode.

Mit Kirchheimer kann man aufzeigen, wie das nur auf den ersten Blick mechanistisch und technisch arbeitende Recht selbst wieder intern politisiert werden kann.[28] Ein reflektiertes Verständnis globaler sozialer Rechte setzt voraus, dass man die subtilen rechtlichen »Machtverhältnisse ans Licht bringt«[29] und sich mit den eingerichteten und ausgeübten Herrschaftstechnologien auseinandersetzt; erst dann können widerständige Praktiken aufgespürt, erfunden und gestärkt werden.

Das ist das Politische im Recht: Da »das Element des Streites und des Kampfes« ein dem Rechtsbegriff »ureigenes« ist,[30] herrscht im Recht der offene »Bürgerkrieg der Sprache mit sich selbst.«[31]

Damit eröffnet sich die Perspektive für eine weltgesellschaftliche Wiederaneignung des Rechts, für eine Re-Sozialisierung der Verrechtlichung,[32] die die Arenen transnationaler Rechtspolitik nicht den Technokraten und Rechtsmaschinisten überlässt. Wollen wir unsere Interessen berücksichtigt sehen, müssen wir den Kampf um die Deutungshoheit im transnationalen Recht annehmen. Progressive Rechtspolitik muss im Innern der Rechtsinstitutionen ansetzen, um ihre emanzipatorische Transformation zu ermöglichen.

Transnationale Verrechtlichung

Eine solche weltgesellschaftliche Wiederaneignung des globalen Rechts steht noch aus. Zwar hat die Weltgesellschaft eine intensive Verrechtlichung erfahren. Das globale Recht richtet sich aber vornehmlich an interessierte Kreise in den globalen Funktionssystemen. Niklas Luhmann wagte bereits 1971 die »spekulative Hypothese«, das globale Recht werde einen »Führungswechsel« von normativen Erwartungstypen (Politik, Moral, Recht) hin zu kognitiven Erwartungstypen (Wirtschaft, Wissenschaft, Technologie) durchleben, der sich im Wandel von nationalstaatlich organisierten Gesellschaften zur Weltgesellschaft hin vollziehe: »Das hieße, daß auf der Ebene der Weltgesellschaft nicht mehr Normen (in Gestalt von Werten, Vorschriften, Zwecken) die Vorauswahl des zu Erkennenden steuern, sondern daß umgekehrt das Problem lernender Anpassung das strukturelle Primat gewinnt und die strukturellen Bedingungen der Lernfähigkeit aller Teilsysteme in Normierungen abgestützt werden müssen.«[33]

Mit anderen Worten: Die Funktionssysteme, allen voran die Weltwirtschaft, versorgen sich in der Weltgesellschaft selbst mit den Normen, die sie benötigen. Die zentrale Herausforderung wird die nachholende Sozialisierung dieser normativen Selbstversorgungsanstalten sein.

Insbesondere im Wirtschaftsrecht zeigt sich: Eine realistische Sicht auf das Recht der Weltgesellschaft und die transnationalen Institutionen muss zugestehen, dass es in diesen Bereichen nicht gut um die sozialen Rechte bestellt ist. Transnationale Unternehmen scheren sich in den weiten Welten der *lex mercatoria*, die den Welthandel stützt, nicht um die sozialen Rechte. Das Recht auf Nahrung etwa ist im Rahmen der Welthandelsgesellschaft kein zentrales Thema.

Es gehört zu der häufig vorgetragenen Kritik, dass sich das normative Gerüst der Weltwirtschaft unter der Dominanz eines neoliberalen Kapitalismusmodells entwickelt und in dieser Welt soziale Rechte keinen Platz hätten. Man darf aber nicht allzu pauschal einer unergründbaren Übermacht des Neoliberalismus das Wort reden. Die Kritik an machtgierigen Managern erweist sich als billig zu habender Skandalisierungsgestus, lenkt den Blick aber von den strukturellen Problemlagen ab, die zu den Systemkrisen geführt haben.

Es gilt vielmehr nachzuzeichnen, welche rechtlichen, ökonomischen und politischen Weichenstellungen ursächlich bei der Entstehung des Finanzmarktkapitalismus gewesen sind, um wirksame Änderungsimpulse geben zu können – von den aufgeweichten Eigenkapitalanforderungen des Baseler Bankenausschusses bis hin zu den Strukturanpassungsprogrammen des IWF. In der öffentlichen Diskussion um Manager-Boni wird ausgeblendet, dass die aktuelle Wirtschaftskrise Teil einer Entwicklung ist, die in den 1970er Jahren mit dem Zusammenbruch des internationalen Systems fester Wechselkurse (Bretton-Woods-System) begann. Erst seit dieser Zeit hat der Neoliberalismus seinen Siegeszug angetreten und dabei die sozialen Rechte massiv unter Druck gesetzt.

In Analysen der internationalen politischen Ökonomie wird diese Epoche, in der sich die weltwirtschaftlichen Akteure mit neoliberal geprägten Rechtsnormen selbst versorgen, als marktliberaler Konstitutionalismus verstanden.[34] Die Weltwirtschaftsverfassung schützt bislang in erster Linie die Rechte der Privatwirtschaft.

Jean Ziegler, der ehemalige UN-Sonderberichterstatter für das Recht auf Nahrung, findet dafür deutliche Worte, wenn er die »Diktatur der Kosmokraten, also der Lenker der größten transnationalen Privatgesellschaften der Welt« für die neoliberale Ausformung des globalen Rechts verantwortlich macht.[35]

Diese marktliberale Dominanz hat sich erst auf verschlungenen Wegen herausgebildet. Die Weltwirtschaftskrise vor dem Zweiten Weltkrieg und das Scheitern der angebotsorientierten Wirtschaftsdoktrin führten nämlich zunächst dazu, dass selbst von den bisherigen Befürwortern der kapitalistischen Wirtschaftsordnung ein sozial eingebetteter Regulierungstyp propagiert wurde: »Die von Roosevelt und Churchill 1941 vereinbarte Atlantik-Charta, die Erklärung von Philadelphia der Internationalen Arbeitsorganisation (ILO) von 1944, die Charta der Vereinten Nationen von 1945 und die Allgemeine Erklärung der Menschenrechte von 1948 formulierten erstmals – mit dem Anspruch universaler, weltweiter Geltung – die Idee der sozialen Menschenrechte und einer auf soziale Ziele ausgerichteten internationalen Ordnung.«[36]

Bei allen Unterschieden in den Ausformungen des Kapitalismus zeichnet sich die Epoche des »eingebetteten Kapitalismus« in den westlichen Nationalstaaten insbesondere durch eine eher nachfrageorientierte Wirtschaftsregulierung aus, die mit öffentlichen Institutionen und Lohnzuwächsen das Wachstum ankurbelte. Korporatistische Arrangements und soziale Kompromisse zwischen bürgerlichen und subalternen Klassen komplettieren diese Befriedungspolitik regelmäßig.[37]

Auf internationaler Ebene korrespondiert diese Periode mit einer voranschreitenden Rechtsetzung im Rahmen der Vereinten Nationen. Die Allgemeine Erklärung der Menschenrechte (1948) und der UN-Zivilpakt (1966) entstammen dieser Zeit. Der UN-Sozialpakt (1966) bezeugt, dass der damalige Bedeutungsgewinn sozialer Rechte im nationalstaatlichen Maßstab sich auch im internationalen Maßstab niederschlug. Er hält Rechte auf soziale Sicherung, Koalitionsfreiheit und das Recht auf Streik fest.

Den Bereich der internationalen Wirtschaftsregulierung prägen die sogenannten Bretton-Woods-Institutionen. Der Internationale Währungsfond und die Weltbank sichern das System fester Wechselkurse. Dadurch werden Währungsspekulationen und risikoreiche finanzielle Transaktionen zumindest offiziell ausgeschlossen.[38]

Dieses Entwicklungsmodell gerät Anfang der 1970er Jahre in eine Krise und die Bindung an feste Wechselkurse wird durch freie Wechselkurse ersetzt. Das ermöglicht es Banken seither, ihr Geschäft im Bereich der Devisen- und Finanzspekulationen auszuweiten, weil erst dadurch auf fallende und steigende Wechselkurse spekuliert werden kann.

Die neoliberale Wirtschaftspolitik erhält eine neue Dynamik. IWF und die Weltbank werden in diesem Sinne umfunktioniert und zu Garanten eines sicheren Spekulationsumfeldes. Mit der Gründung der WTO wird 1995 zudem ein rechtlicher Rahmen für die Liberalisierung des Weltmarktes geschaffen. Ziel ist, auf einen »wesentlichen Abbau der Zölle und anderer Handelsschranken sowie auf die Beseitigung der Diskriminierung in den internationalen Handelsbeziehungen« hinzuwirken.

Dieser marktliberale Konstitutionalismus ist Ergebnis einer einseitigen Ausgestaltung des globalen Rechts, das die weltwirtschaftlichen Transaktionen rechtlich absichert. Die Weltwirtschaftsverfassung schützt primär die Eigentumsrechte der Unternehmer, zwingt zur Privatisierung der öffentlichen Infrastruktur und setzt der Fiskalpolitik mit Schuldenverboten enge Schranken. Soziale Sicherung, Mitbestimmungs- oder Streikrechte, Einschränkung der Eigentumsrechte – die westlichen Klassenkompromisse der Nachkriegszeit existieren bestenfalls noch auf dem Papier, in der Realität erodieren sie.

Im marktliberalen Konstitutionalismus findet zudem eine Entdemokratisierung der Entscheidungsprozesse statt. Das

Demokratiedefizit besteht schwerpunktmäßig darin, dass die polit-ökonomische Governance-Architektur öffentliche, der demokratischen Mitbestimmung zugängliche Sphären der gesellschaftlichen Disposition entzieht und dagegen private, demokratisch nicht legitimierte Räume etabliert. Im Zuge dieser Neuausrichtung werden die unternehmerischen Freiheits- und Eigentumsrechte der demokratischen Kontrolle und Öffentlichkeit weitgehend enthoben. Ein System globaler Gerichtsbarkeit stützt diese neoliberalen Normen rechtlich ab. Dafür werden in transnationalen Institutionen eigene Gerichtsbarkeiten und Streitschlichtungsverfahren installiert, wie beispielsweise das Schiedsgerichtsverfahren der WTO.

So entstehen rechtliche Mechanismen, die schwer zu verändern sind und deren marktliberale Ausrichtung alternative politökonomische Entwicklungspfade ausschließen. Die Wirtschafts- und Gesellschaftsordnung der Weltgesellschaft untersteht eben bislang nicht der Entscheidungsmacht demokratischer Willensbildung, sondern wird durch eine intransparente Verrechtlichung abgesichert, die in den Hinterzimmern der Weltdiplomatie und der Weltkonzerne gezimmert wird.

Selbst in der Krise des neoliberalen Kapitalismus bleibt es bei diesen Regulierungsmechanismen und normativen Prioritäten. Das transnationale Regulierungsfeld ist weiterhin Domäne derjenigen, die den marktliberalen Konstitutionalismus in immer neuen Spielarten fortschreiben. Zwei Beispiele:

1. Die G20 halten selbst in ihren Reaktionen auf die Wirtschaftskrise an »gestärkten Finanzmärkten, Marktdisziplin, Dynamisierung und Innovation an den Märkten« fest. Selbsterklärtes Ziel der G20 ist es, durch mehr regulatorische Übersicht und eine verbesserte Risikobewertung mögliche Krisentendenzen in Zukunft schneller zu erkennen. Eine grundsätzliche Abkehr vom Finanzmarktkapitalismus ist allerdings nicht in Sicht. An den bisherigen Vereinbarungen innerhalb der G20 fällt auf, dass sie an den zentralen Bausteinen marktliberaler Wirtschaftspolitik nicht rütteln: »Unsere Arbeit ist von der gemeinsamen

Überzeugung geleitet, dass Marktprinzipien, Freihandel, Investmentregimes und effektiv regulierte Finanzmärkte Dynamik, Innovation und Unternehmertum fördern, die für Wachstum, Vollbeschäftigung und Armutsbegrenzung notwendig ist.«[39] Es geht also nicht um den sozial und ökologisch gerechten Umbau des finanzmarktgetriebenen Wirtschaftssystems, sondern um dessen Fortsetzung mit anderen Mitteln.

2. Das macht auch ein Blick auf die Rezeptur deutlich, die den Finanzhilfen der Euro-Gruppe für Griechenland zugrunde liegt. Die Hilfe wird, wie es gängige Praxis der internationalen Organisationen ist, im Rahmen strenger Auflagen zur Verfügung gestellt. Die formulierten Bedingungen gehen auf Vereinbarungen zwischen dem IWF und der EU-Kommission, die in Abstimmung mit der Europäischen Zentralbank handelt, mit Griechenland zurück. Die Darlehensverträge beziehen sich hinsichtlich der von Griechenland verlangten finanz- und wirtschaftspolitischen Maßnahmen auf das Memorandum of Understanding,[40] das die Bedingungen der Kreditvergabe festlegt. Rechtlich geht es um ein striktes Sparprogramm und um die Rückführung öffentlicher Defizite. Schon das Unionsrecht regelt Defizit- und Verschuldungsobergrenzen sowie Sanktionen für den Fall ihrer Nichteinhaltung und zielt darauf ab, alle Mitgliedsstaaten der EU bei der Kreditfinanzierung den Mechanismen der Finanzmärkte zu unterwerfen. Neben diesen typischen Regulierungen, mit denen seit langem die nationalen Haushalte diszipliniert werden, macht das Memorandum of Understanding Griechenland eine ganze Reihe weiterer präziser Vorgaben, an die die Finanzhilfen rechtlich gebunden werden: Der Energiemarkt und der Güterverkehr müssen liberalisiert, ausländische Direktinvestitionen gefördert, die Tarifbindung der Arbeitgeber gelockert, die Mindestlöhne eingefroren, Möglichkeiten der Ausnahmen vom Mindestlohnsystem eingeführt, Überstundenzuschläge verringert, Mindestbeitragsjahre in die Rentenversicherung erhöht und schließlich soll der Kündigungsschutz gelockert werden.

Beide Beispiele verdeutlichen, dass die transnationalen Regulierungsprozesse selbst in ihren Antworten auf die Krisen den Abbau sozialer Rechte als geeignete Wirtschaftsförderungsmaßnahme verstehen.

Blockaden

Während sich nun die Profiteure der Weltwirtschaft längst der Rechtsetzungs- und Rechtsanwendungsmaschinerien bemächtigt haben und auf diese Weise die Durchsetzungschancen für ihre Eigeninteressen maximieren, bleiben die Versuche noch allzu singulär, diese Prozesse auf der transnationalen Ebene wieder sozial und ökologisch verantwortlich einzufangen. Ein Umdenken hat noch lange nicht in der Breite stattgefunden, die notwendig wäre, um die neoliberalen Auswüchse einer nachholenden Sozialisierung zu unterziehen.

Europäisierte und internationalisierte Parteienzusammenschlüsse bleiben zu schwach, und eine wirkliche, soziale Opposition in Europa ist nur schemenhaft zu erkennen. Und wenn sich einmal Möglichkeiten für eine Revitalisierung sozialer Rechte in der transnationalen Konstellation bieten, erkennen Parteien und Gewerkschaften diese meist nicht einmal mehr oder sind schnell dabei, diese von Beginn an auszuschlagen.

Ein Beispiel dafür sind die Reaktionen auf den europäischen Verfassungsvertrag: Die ablehnenden Volksabstimmungen in Frankreich und den Niederlanden speisten sich vor allem daraus, dass zunehmend größere Teile der Bevölkerung ein soziales Defizit in Europa ausmachen. Während die europaoptimistischen Befürworter in vorauseilendem Gehorsam den Vertragsentwurf kritiklos stützten, um eine Kritik an Europa gar nicht erst aufkommen zu lassen, verlegten sich andere auf eine allgemeine Position der Re-Nationalisierung und des Euroskeptizismus. Auf die naheliegenden Möglichkeiten, mit der Verfassungsdiskussion auch eine europäische transnationale Öffentlichkeit herzustellen, auf ein soziales Europa zu drängen und den vereinigten Exekutiven ein Europa von unten entgegenzusetzen, besann man sich freilich nicht: Wie wäre es eigentlich mit einer gemeinsamen europaweiten Kampagne dafür gewesen, ein Mehr an sozialen Rechten in den Verfassungsentwurf aufzunehmen? Wenn Jürgen Habermas und Jacques Derrida insistieren, dass »auch eine künftige Politik der Zähmung des Kapitalismus in entgrenzten Räumen« nicht hinter die nationalen Errungenschaften sozialer Gerechtigkeit zurückfallen darf, zielen sie genau auf diese ausstehende transnationale soziale Rechtspolitik.[41]

Das Beispiel der Verfassungsdiskussion zeigt, dass eine wirksame Rechtspolitik von zwei Richtungen blockiert wird:

Das *erste Blockadelager* besteht aus denjenigen, die sich den Globalisierungsprozess so, wie er real existiert, schönreden. In den 1990er Jahren verbreitete sich die Hoffnung, dass sich nach dem Zusammenbruch des Ostblocks Rechtsstaat und offene Marktwirtschaft global herstellen ließen, von denen auch die Ärmsten der Welt profitieren könnten. Dies hat sich offensichtlich als Utopie erwiesen. Die weltweite Armut ist gewachsen. Neue Spaltungs- und Konfliktherde sind zu beobachten. Nicht die demokratischen Bürgergesellschaften waren es, die die Gestaltung des Globalisierungsprozesses geprägt haben, sondern die Profiteure der kapitalistischen Weltwirtschaft.

Das Blockadelager derjenigen, die affirmativ auf den Globalisierungsprozess reagieren, ist vor allem auf diesem polit-ökonomischen Auge blind. So hat beispielsweise die EU-Abgeordnete Franziska Brantner aus Anlass ihrer Auszeichnung als diplomatisches Nachwuchstalent der amerikanischen Zeitschrift *Diplomatic Courier* Auskunft über ihre außenpolitische Zielvorstellung gegeben.[42] Ihr Ziel sei es, so Brantner, sich als Weltbürgerin zu sehen und sich für dauerhaften Frieden sowie ökologische Nachhaltigkeit einzusetzen.

Doch statt sozio-ökonomische Hindernisse für eine ökologische Weltwirtschaft zu benennen – wie Wachstumszwänge, Finanzialisierung, Enteignung öffentlicher Güter – sieht sie das

Hauptproblem im Misstrauen vieler Nationalstaaten gegenüber internationalen Institutionen. Eine solche reduktionistische Sicht bekommt die Konflikte und Widersprüche – etwa zwischen den globalen sozialen Rechten des UN-Sozialpakts und dem Weltwirtschaftsregime – nicht in den Blick. Die Gegenüberstellung von vorwärtsgewandten internationalen Institutionen und rückwärtsgewandtem nationalstaatlichem Souveränismus verkennt regelmäßig die Tiefenstruktur der Konflikte.

Zu Recht hat sich gegen diese unkritische Haltung Widerstand formiert. Dieser sammelt sich aber derzeit im *zweiten Blockadelager,* das eine transnationale soziale Rechtspolitik deshalb ablehnt, weil es auf Re-Nationalisierung statt Globalisierung setzt. Für dieses Lager sind die transnationalen Institutionen reines Instrument der Konzerne und der Wettbewerbsorientierung. Die globale Economic Governance betreibe Sozialdumping und unterlaufe diejenigen sozialen Rechte, die in den Verfassungen der Nationalstaaten festgehalten sind. Außerdem – so das Credo dieses Lagers – sei der transnationale Raum noch stark von den Interessen der Nationalstaaten bestimmt. Daraus folgert das Blockadelager der Etatisten: Der zentrale Raum der Auseinandersetzung bleibt das nationalstaatliche Politiksystem. Und so gelte es auch, die sozialen Errungenschaften der nationalstaatlichen Verfassung gegen den marktliberalen Konstitutionalismus in Europa und der Welt zu verteidigen.[43] In besonders ausgeprägten Varianten mutiert eine solche, mitunter zunächst nur tagespolitisch motivierte Re-Nationalisierungsposition zu einer grundsätzlichen Ideologie. Es wird nicht mehr taktisch-defensiv gegen transnationale Institutionen argumentiert; das Nationale erhält selbst positive Zuschreibungen, die stets in Gefahr stünden, von der Kälte der Managerklasse überwältigt zu werden.

Diese Argumentation unterschlägt, dass soziale Rechte auch im Nationalstaat erst erkämpft werden mussten und dass die Nationalstaaten alles andere als der sozialen Gerechtigkeit höchster Ausdruck sind. Soziale Rechte sind historisch gegen die Gewalt des Nationalstaats errungen worden, aber durch eine

Politik des Sachzwangs ständig auf dem Rückzug. Dieses Blockadelager kann nicht erklären, wieso alleine der nationale Staat eine effektive Widerstandsbastion gegen einen globalisierten Kapitalismus bilden kann.

Wenn die Diagnose zutrifft, dass die Globalisierung das wirtschaftliche Funktionssystem »entfesselt« hat, erscheint es wenig aussichtsreich, sich Linderung vornehmlich von einer Art nationalen Résistance dagegen zu erwarten. Es geht vielmehr darum, diejenigen Ansatzpunkte einer alternativen Rechtspolitik zu identifizieren, die die entfesselten transnationalen Regelungsarrangements selbst sozial und ökologisch zu gestalten vermögen.

Um diese Ansatzpunkte zu erkennen, sollte man den Blick nicht nur auf das scheinbar Übermächtige richten, sondern auch auf das Unterworfene und Verdrängte. So ist im Schatten der neoliberalen Rechtsproduktion durchaus auch ein soziales Gegen-Recht zu erkennen. Lutz Leisering hat das treffend zusammengefasst: »Es gibt ausgeprägte globale ‚soziale' Ideen und Normen, die dem normativen Gefüge der Weltgesellschaft einen ‚sozialen' Stempel aufdrücken. Erstens sind internationale soziale Standards und Pakte zu nennen, insbesondere soziale Menschenrechte. Grundlegend ist der Internationale Pakt für wirtschaftliche, soziale und kulturelle Rechte der Vereinten Nationen von 1966. Auf der Ebene der Weltregionen sticht die europäische Sozialcharta des Europarats von 1961 […] hervor.«[44] Einmal in der Welt, können soziale Rechte durchaus das Potential haben, gegenhegemoniale Kräfte zu inspirieren und rechtlich zu legitimieren. Die sozialen Rechte können sowohl im Kontext der EU als auch im Kontext der WTO einen Unterschied machen. Wenn man vorschnell die »soften« sozialen Rechte den »harten« neoliberalen Rechten unterordnet, kapituliert man zu früh vor der vermeintlichen Übermacht der neoliberalen Wirtschaftsverfassung.

Drei Beispiele verdeutlichen die Notwendigkeit, für soziale Rechte auch jenseits des Staates zu streiten:

1. *Die Europäische Union:* Natürlich ist es in vielerlei Hinsicht richtig, Europa zu kritisieren. Die europäische Vision ist schwer

zu erkennen. Aus der Perspektive sozialer Rechte liegt vieles im Argen: Europa ist verantwortlich für eine unmenschliche Flüchtlingspolitik an den Grenzen Europas. Während Frontex die europäischen Küsten bewacht, sterben Tausende auf der Flucht.[45] Die Vereinigten Exekutiven von Europa sorgen für eine zunehmende Desolidarisierung europäischer Bürgerinnen und Bürger und tragen auch dazu bei, dass das Rezept zur Bewältigung von Griechenlands Krise zu Lasten des Mindestlohns und des Kündigungsschutzes, zu Lasten also sozialer Errungenschaften geht. Aber das europäische Recht hat auch eine emanzipatorische Seite. In Fragen der Migration etwa ist das europäische Recht in vielen Aspekten sehr viel liberaler als das deutsche und hat den deutschen Gesetzgeber zu zahlreichen Liberalisierungen veranlasst. Davon profitieren nicht nur die privilegierten Unionsbürgerinnen und Unionsbürger, sondern auch Angehörige von Staaten außerhalb der EU, denen das europäische Recht und der Europäische Gerichtshof weitergehende Rechte als der einzelne Nationalstaat gegeben hat. So versucht die Bundesrepublik bis heute zum Beispiel systematisch, die ausländischen Familienangehörigen von deutschen Staatsbürgerinnen und -bürgern von den Privilegien des Freizügigkeitsgesetzes auszuschließen, das anders als im übrigen Aufenthaltsrecht keine Sprachnachweise verlangt und Ausweisungen hohe Hürden auferlegt. Die Bundesrepublik verhält sich hier weiter vertragsbrüchig, wenn sie an die Familienangehörigen von Deutschen strengere Nachzugsanforderungen stellt als an die Familienangehörigen von Unionsbürgern, die sich in Deutschland aufhalten.

Ähnliches gilt für den Bereich des Flüchtlingsrechts. Erst der europarechtliche Einfluss hat die deutschen Gerichte gezwungen, bei geschlechtsspezifischen Verfolgungen umfassenden Schutz zu gewähren.

Das Gleiche im Bereich der Antidiskriminierung: Dass rassistische Wohnungseigentümer verpflichtet werden können, ihnen nicht genehme Mietverträge abzuschließen, ist eine Errungenschaft, die im deutschen Recht ohne europäischen Einfluss kaum möglich gewesen wäre. Der EuGH wirkt hier zum Leidwesen konservativer Nationaljuristen durchaus progressiv. Zum Teil haben daher gerade konservative deutsche Juristen, wie Roman Herzog und Rudolf Streinz, zum offenen Widerstand gegen den EuGH aufgerufen, weil dieser die Eigentumsrechte durch eine starke Antidiskriminierungsorientierung verletze.

Schließlich hat das europäische Recht auch soziale Impulse gegeben, da der EuGH die grenzüberschreitende Inanspruchnahme vor allem von Gesundheitsleistungen ermöglicht und Unionsbürgerschaft, Diskriminierungsverbot sowie Freizügigkeitsrecht als Begründung dafür genannt hat, dass Unionsbürger auch in anderen Mitgliedsstaaten Ansprüche auf soziale Unterstützungsleistungen haben.

Das europäische Recht ist also Teil eines umkämpften Prozesses und kann nicht einfach als neoliberales Teufelszeug *ad acta* gelegt werden.

2. *Die Welthandelsorganisation*: Das Recht der WTO stützt in erster Linie die Weltmarktliberalisierung mit vielen negativen Konsequenzen. Das darf aber nicht dazu führen, dass wir den Kampf um eine Sozialisierung und Ökologisierung des Rechts der WTO gar nicht erst aufnehmen.

Dass es nicht aussichtslos ist, auch in einem Kontext wie dem der WTO um soziale Menschenrechte zu kämpfen, zeigt das Beispiel des Streits um den Patentschutz für AIDS-Medikamente, der im Jahr 2001 zwischen Brasilien und den USA eskalierte. Nach Auffassung der USA erlaubt das brasilianische Recht zu großzügig die Herstellung von Nachahmemedikamenten, sogenannte Generika, was die Patentrechte von US-Pharmaunternehmen verletze. Die US-Regierung leitete daher vor dem WTO-Schiedsgericht ein Verfahren gegen Brasilien ein. Das Schiedsgericht der WTO hatte somit über eine Kollision zwischen dem sozialen Menschenrecht auf Gesundheit und dem wirtschaftlichen Recht auf Patentschutz zu entscheiden. Die USA hatten aber die Gegenkräfte falsch eingeschätzt: Einen für sie ungünstigeren Zeitpunkt für ein Verfahren vor der WTO wegen

AIDS-Medikamentenpatentschutz konnte es nicht geben. Denn für wenige Monate nach Verfahrensbeginn war eine Sonderversammlung der Generalversammlung der UN zu HIV/AIDS angesetzt. Sonderversammlungen der Generalversammlung sind nicht alltäglich. Sie widmen sich drängenden Fragen, werden über Jahre hinweg vorbereitet und beziehen zivilgesellschaftliche sowie staatliche Akteure gleichermaßen ein. Die Aufmerksamkeitsmaschinerie lief sofort an und skandalisierte, dass die US-amerikanische Wirtschaftspolitik den AIDS-Kranken eine angemessene Behandlung vorenthalte. Brasilien wusste diese Grundstimmung zu nutzen und erreichte auf der nächsten Sitzung der UN-Menschenrechtskommission die Annahme einer Resolution. Die mit 53 gegen 52 Stimmen gegen den Willen der USA angenommene Resolution 2001/33 fordert die Nationalstaaten unter anderem auf, »zu sichern, dass ihre Maßnahmen als Mitglieder internationaler Organisationen die Rechte jedermanns, am höchsten erreichbaren Standard physischer und mentaler Gesundheit teilzuhaben, gebührend berücksichtigen«. Die Resolution zielte ersichtlich auf den schwelenden Konflikt um das brasilianische AIDS-Hilfsprogramm und war ein diplomatischer Stimmungsmesser dafür, dass der Druck auf die US-Regierung immer stärker wurde. Es verwundert nicht, dass diese daher pünktlich zum ersten Sitzungstag der Sonderversammlung der UN das schriftliche Einverständnis mit Brasilien herbeiführte, das den Streit um den Patentschutz des AIDS-Medikaments beilegte. Auch innerhalb des WTO-Systems hatte das Verfahren aus Sicht der USA eine generell kontraproduktive Wirkung, weil es in der Folge 2001 zum sogenannten Kompromiss von Doha (Katar) kam, der für die Entwicklungsländer Ausnahmen von WTO-Pflichten vorsieht. Seither wird in den verschiedensten Doha-Folgerunden über eine angemessene Stärkung der Rechte der Entwicklungsländer in der WTO verhandelt. Die Doha-Verhandlungen sind mittlerweile wieder ins Stocken geraten, aber der Streit um die AIDS-Medikamente zeigt: Auch in einem vermeintlich aussichtslosen Kontext wie dem Freihandelsregime der WTO können soziale Menschenrechte erstritten werden, wenn sich genügend soziale Aufmerksamkeit erregen lässt.

3. *Das Investitionsgericht ICSID*: Das zeigt schließlich auch das Beispiel des Protests der Bewohnerinnen und Bewohner der bolivianischen Stadt Cochabamba gegen hohe Wasserpreise und schlechte Wasserqualität als Folge einer Privatisierung der Wasserversorgung. Unter dem öffentlichen Druck machte die Regierung die Privatisierung rückgängig. Nun klagte das betroffene Unternehmen Aguas del Tunari, eine Tochter des amerikanischen Konzerns Bechtel, vor dem internationalen Investitionsschutztribunal ICSID gegen die bolivianische Regierung auf die Einhaltung der Verträge.[46] Der Fall handelt von der grundsätzlichen Frage, ob die Eigentumsrechte von Aguas del Tunari wichtiger als die im UN-Sozialpakt verankerten Rechte auf Nahrung und auf die Verfügung über natürliche Reichtümer und eigene Existenzmittel sind. Erst der zivilgesellschaftliche Druck, der die Eigentumsrechte mit sozialen Gegenrechten konfrontierte, hat zu einer außergerichtlichen Einigung geführt und den weltgesellschaftlichen Widerspruch sichtbar gemacht: Es liegt hier nicht einfach eine Kollision der Regulierung des Nationalstaates mit Normen der Globalisierung vor. Vielmehr steht im Kern des Konfliktes die Spannung zwischen privatwirtschaftlicher Gewinnorientierung und der Zugänglichkeit von öffentlichen Gütern. Diese Spannung durchzieht das nationale Recht, wird aber auch im Recht als Kollision normativer Regime – das Recht der WTO auf der einen, das Recht des UN-Sozialpaktes auf der anderen Seite – sichtbar. Der Nachgang zum ICSID-Verfahren macht den sozio-strukturellen Konflikt deutlich. So wurde nicht nur das Wassergesetz Boliviens geändert, sondern auch in der 2009 verabschiedeten Verfassung das Recht auf gerechten Zugang zu Trinkwasser verankert und festgehalten, dass die Zugänge zum Wasser weder Gegenstand von Konzessionen noch von Privatisierung sein dürfen. Es bedarf also der Einmischung, um zu verhindern, dass die globalen Normen demokratische und soziale Rechte unterlaufen. Dies zeigt am Beispiel Cochabamba der Erfolg zivilgesellschaftlicher Proteste.

Wir werden uns in diesem Kampf um die globalen sozialen Rechte nicht allein auf die staatliche Politik verlassen können. Die Auseinandersetzungen werden gesamtgesellschaftlich zu führen sein.

Darum führt auch die in der Krise häufig zu hörende Forderung in die Irre, dass der staatlichen Politik wieder das Primat eingeräumt werden müsse. Sie lenkt von den sozio-ökonomischen Konflikten ab und trägt zur Klärung der realgesellschaftlichen Widersprüche wenig bei. Wer ein »Gegensteuern im Globalisierungsprozeß« für notwendig hält, »und zwar in Form eines Kampfes um die Re-Etablierung des Primats der Politik«,[47] verliert sich im Lamento. Zum Tagesgeschäft der staatlichen Politik gehört es zwar in der Tat, sich eine globale Problemlösungskompetenz anzumaßen. Doch diese Primatseinforderung sagt nichts über die Inhalte, die ein solches Politikprimat durchsetzen soll. Es bleibt auch unklar, wie in der funktional ausdifferenzierten Weltgesellschaft ein solches Primat überhaupt durchgesetzt werden könnte. Für die Selbstüberschätzungen der Politik, zur Lösung aller weltgesellschaftlichen Probleme zuständig zu sein und die Rezepte zur Überwindung sozio-ökonomischer Probleme in der Hand zu haben, hatte schon Niklas Luhmann nur Spott übrig: Die Politik blase die Kühe auf, um mehr Milch zu bekommen,[48] formulierte der Soziologe, um deutlich zu machen, dass in der funktional ausdifferenzierten Weltgesellschaft ein Staatenprimat unrealistisch sei. Die Fragmentierung der gesellschaftlichen Problemlagen bringt es mit sich – wie es auch Jürgen Habermas sieht –, dass sich »eine funktional ausdifferenzierte Gesellschaft holistischen Gesellschaftskonzepten entzieht.«[49]

Die Scheinaktivitäten der Politik beruhigen die Bürgerinnen und Bürger, bringen aber die Verhältnisse nicht zum Tanzen. Dafür muss man ihnen ihre eigenen Melodien vorspielen und anerkennen, dass die Verhältnisse nicht zentral gesteuert werden können.

Die Occupy-Wall-Street-Bewegung macht es vor, indem sie ein wirtschaftliches Symbol politisiert und sich öffentlich aneignet: Es gilt die Sphären der politischen Aktion zu verbreitern. Die sozialen Auseinandersetzungen in den unterschiedlichsten gesellschaftlichen Teilbereichen, etwa der Wirtschaft, dem Bildungssystem oder eben dem Recht, sind politisch. Hier lassen sich die Probleme der Weltgesellschaft dann direkt, mit viel mehr Sprengkraft adressieren.

Und das bedeutet, um es deutlich zu sagen: Wenn die Bundeskanzlerin eine »globale soziale Marktwirtschaft« einfordert und gemeinsam mit Nicolas Sarkozy von der europäischen Wirtschaftsregierung fabuliert, ändert sich an der Ausgestaltung der Weltwirtschaftsverfassung nichts zum Guten. Die Verehelichung des deutschen Wirtschaftsliberalismus mit dem französischen Etatismus ist ein exekutivzentriertes Projekt, das sich teilweise außerhalb des Rechts bewegt und mit sozialer Demokratie nichts zu tun hat, sondern – wie wiederum Jürgen Habermas treffend formuliert hat – »das Europäische Projekt in sein Gegenteil verkehrt: Aus dem ersten demokratisch verrechtlichten supranationalen Gemeinwesen würde ein besonders effektives, weil verschleiertes Arrangement zur Ausübung postdemokratischer Herrschaft.«[50]

Das spiegelt sich auch in der institutionellen Schwäche der sozialen Gegenrechte wider. Zwar ist insgesamt eine Pluralisierung des Rechts zu beobachten: Unterschiedliche Sektoren der Weltgesellschaft sind unterschiedlich intensiv verrechtlicht. Das Project on International Courts and Tribunals (PICT) zählt 125 verschiedene Weltgerichte in den verschiedensten Sektoren. Die International Law Commission (ILC) der Vereinten Nationen beobachtet in ihrem Bericht *Fragmentierung des Völkerrechts* eine zunehmende Fragmentierung und Ausdifferenzierung bereichsspezifischer Rechtsnormen.[51] Diese betrifft nun gleichermaßen Sektoren wie den digitalen Cyberspace, Technik- und Risikoregulierung, aber auch die Sozialpolitik. Gerade aber der Bereich der sozialen Menschenrechte blieb bislang von einer

Stärkung gerichtlicher Foren weitgehend ausgeschlossen.

Hier wird anzusetzen sein, um die Gegenrechte institutionell zu stärken. Es hilft nicht weiter, nur darüber zu lamentieren, dass in der neoliberalen Weltwirtschaftsverfassung primär liberale Eigentums-, Patent- und Freihandelsrechte geschützt und die sozialen Rechte zu *soft-law*-Prinzipien in unverbindlichen Verhaltenskodizes herabgestuft werden.

Wer die sozialen Gegenrechte kleinredet, nimmt die Ausgangslage hin, unterwirft sich dem marktliberalen Rechtsdiktat. So gibt man den Kampf ums Recht verloren, bevor er begonnen hat.

Es wird Zeit, dass die rechtskreativen Kräfte der globalen Zivilgesellschaft die Transnationalisierungsblockaden überwinden und sich nun auch einer institutionellen und langfristigen Stärkung der globalen sozialen Rechte zuwenden, indem sie Gegeninstitutionen und Strukturen schaffen, auf die eine soziale Rechtspolitik aufbauen kann. Die fast unlösbare Aufgabe dieses rechtspolitischen Projektes besteht darin, um es mit Adorno zu sagen, »weder von der Macht der anderen, noch von der eigenen Ohnmacht sich dumm machen zu lassen.«[52]

IV. Kampf um globale soziale Rechte

Setzt man an den herkömmlichen Typologien der Menschenrechte an, führt die Kategorie der globalen sozialen Rechte drei Stränge wieder zusammen, die der Rechtsdiskurs getrennt hat. Die globalen sozialen Rechte verknüpfen *liberale, soziale* und *politische* Menschenrechte zu einem weltgesellschaftlichen Gesamtzusammenhang. Diese Verknüpfung ist nicht selbstverständlich und stemmt sich gegen eine Trennungslogik, die liberale Menschenrechte kategorisch von sozialen Menschenrechten unterschieden und beide wiederum aus ihrer Verbindung mit den demokratischen Rechten gerissen hat. Insbesondere der Liberalismus hat so die liberalen Menschenrechte gegenüber den politischen und sozialen Dimensionen privilegiert. Das hat die sozialen Rechte auf lange Sicht geschwächt. Auch kam ihr demokratisches Potential nicht hinreichend zur Geltung. Das Leitkonzept globaler sozialer Rechte sucht diese Linien wieder zusammenzuführen.

Die Unteilbarkeit der Menschenrechte

Die sozialen und liberalen Menschenrechte wurden zunächst als Einheit verstanden. Dies kommt in der Allgemeinen Erklärung der Menschenrechte sehr gut zum Ausdruck, die die Generalversammlung der UN am 10. Dezember 1948 verkündete, und war unmittelbar nach dem Zweiten Weltkrieg auch auf globaler Ebene noch die vorherrschende Auffassung. Diese Erklärung bezieht neben den üblichen liberalen Rechten wie Meinungsfreiheit, Folterverbot, körperliche Integrität und effektiven Rechtsschutz auch soziale Rechte wie auf sozialen Schutz, auf Arbeit, Gesundheit, Nahrung, Bildung in den Katalog der Menschenrechte mit ein.

In der Folge setzte sich aber bei den universellen Pakten eine Trennungslogik durch: Die sozialen Rechte wurden textlich von den liberalen Menschenrechten geschieden. Im UN-Pakt über bürgerliche und politische Rechte, dem UN-Zivilpakt, der mittlerweile von 166 Staaten ratifiziert wurde, und im UN-Pakt über wirtschaftliche, soziale und kulturelle Rechte, dem UN-Sozialpakt, von 160 Staaten ratifiziert, kommt die Trennung zum Ausdruck. Auch auf der europäischen Ebene findet sich diese Aufteilung wieder. Während die Europäische Menschenrechtskonvention (EMRK) die liberalen Menschenrechte ins Zentrum stellt, wurden die sozialen Menschenrechte in die Europäische Sozialcharta ausgelagert.

Zentrales Ergebnis dieser Auslagerungen war, dass die beiden Normkategorien mit unterschiedlich durchsetzungsstarken Möglichkeiten versehen wurden. Über die liberalen Menschenrechte der EMRK wacht der Europäische Gerichtshof für Menschenrechte, über die sozialen Menschenrechte in der Sozialcharta ein Ausschuss, der nicht einmal auf dem Wege eines Individualbeschwerdeverfahrens angerufen werden kann. Im Bereich der sozialen Menschenrechte aus dem UN-Sozialpakt kommen erst langsam Bemühungen in Gang, die auf die Einführung eines Beschwerdeverfahrens zielen. Ein entsprechendes Zusatzprotokoll, also eine Vertragsergänzung, zum UN-Sozialpakt wurde 2008 von der UN-Generalversammlung vorgeschlagen und wartet auf Ratifizierung durch die Nationalstaaten.[53] Tritt es in Kraft, werden die von Rechtsverletzungen Betroffenen sich jeweils individuell an den Sozialausschuss wenden und die Rechtsverletzung rügen können. Der Ausschuss macht dann auf die konkrete Beschwerde hin jeweils Empfehlungen an den Mitgliedsstaat.

An dieser unterschiedlichen Institutionalisierung wird sichtbar: Während die liberalen Menschenrechte als harte, einklagbare Rechte konzipiert sind, werden die sozialen Menschenrechte als nicht-einklagbares »Nichtrecht« kleingeredet. Das beraubt sie ihrer normativen Schlagkraft.

Mittlerweile ist aber wieder Bewegung in die Debatte gekommen. Die Wiener Menschenrechtskonferenz von 1993 hat einen wichtigen Beitrag dazu geleistet, die Idee der Einheit der Menschenrechte zu stärken. In Folge der Konferenz haben viele Staaten die beiden UN-Pakte ratifiziert. Der aktuelle Ratifikationsstand legt Zeugnis darüber ab, dass die liberalen und politischen, aber auch die sozialen Menschenrechte kulturübergreifend Geltung beanspruchen können. Sowohl die Abschlusserklärung der Wiener Menschenrechtskonferenz 1993 als auch die Milleniumserklärung der UN-Generalversammlung betonen die Unteilbarkeit der Menschenrechte dabei explizit, wobei die Milleniumserklärung sogar in Ziffer 19 das Ziel formuliert, »bis zum Jahr 2015 den Anteil der Weltbevölkerung, dessen Einkommen weniger als 1 Dollar pro Tag beträgt, und den Anteil der Menschen, die Hunger leiden, zu halbieren«.

Die Gedanken der Unteilbarkeit der Menschenrechte und der Interdependenz liberaler, politischer und sozialer Rechte gewinnen heute wieder an Zustimmung. Danach handelt es sich bei den sozialen, politischen und liberalen Rechten nur um unterschiedliche Ausprägungen der Menschenrechte, die nicht als kategorisch unterschiedlich konzipiert werden.

Die gängige Typologie der Menschenrechte erschöpft sich darum nicht in den liberalen Rechten, sondern ist drei-dimensional zu denken. Die (liberalen) Menschenrechte der ersten Dimension lassen sich um die Freiheits- und Abwehrrechte wie das Recht auf Leben und persönliche Freiheit gruppieren. Die (sozialen) Rechte der zweiten Dimension werden vor allem im UN-Sozialpakt kodifiziert. Hinzu tritt die dritte Gruppe der politischen Partizipationsrechte und der Kollektivrechte wie das Recht auf Entwicklung, auf Frieden, Solidarität, auf Teilhabe am gemeinsamen Erbe der Menschheit.[54] Diese drei Dimensionen sind unterschiedliche Ausprägungen der unteilbaren Menschenrechte. Sie sind nicht kategorial getrennt, sondern verwoben. Sie erfüllen nur ungeteilt ihre Funktion: die individuelle Selbstkonstituierung zu ermöglichen.

Auch neuere Kodifikationen des Grund- und Menschenrechtsschutzes stützen diese einheitliche Menschenrechtskonzeption. So umfasst die Grundrechtecharta der EU, die nach dem Lissabonvertrag Teil des Primärrechts geworden ist, nicht nur liberale, sondern auch soziale Rechte, das Gleiche gilt für die Banjul-Charta der Afrikanischen Union und die Interamerikanische Konvention zum Schutz der Menschenrechte. Spezielle Konventionen wie die Kinderrechtskonvention und die Behindertenkonvention verknüpfen liberale und soziale Menschenrechte.

Aber auch wenn es keine unmittelbar ersichtliche Zusammenführung sozialer und liberaler Menschenrechte gibt, lässt sich die kategoriale Trennung dieser zwei Bereiche des Menschenrechtsschutzes nicht durchhalten, weil beide sich gegenseitig bedingen: Die liberalen Freiheitsrechte haben eine soziale Dimension, die sozialen Rechte haben eine liberale Dimension. Das soziale Recht auf Gesundheit erschöpft sich nicht in Minimalansprüchen auf Gesundheitsversorgung, es beinhaltet auch Abwehrrechte gegen staatliche Eingriffe – sei es, gesundheitsgefährdende Technologien zu genehmigen, sei es, dass Staaten die Rechte durch irreversible chirurgische Maßnahmen in die körperliche Integrität von intersexuellen Kindern beeinträchtigen. Das liberale Freiheitsrecht auf freie Wahl des Berufs verpflichtet zu einer fairen und nachvollziehbaren Arbeitsplatzvergabe. Aus den liberalen Eigentumsrechten können soziale Leistungsansprüche erwachsen, aus der Menschenwürde resultiert in Verbindung mit dem Sozialstaatsprinzip ein Anspruch auf Gewährleistung des soziokulturellen Existenzminimums. Solche Verknüpfungen haben sowohl das Bundesverfassungsgericht als auch der Europäische Gerichtshof für Menschenrechte immer wieder vorgenommen.

Auch zwischen politischen und sozialen Menschenrechten besteht keine klare Trennlinie. Das Grundrecht auf Mitbestimmung beispielsweise wird aus der Menschenwürde, dem allgemeinen Persönlichkeitsrecht und der Berufsfreiheit hergeleitet. Diese liberalen Rechte führen zu einem Anspruch der Arbeitnehmerinnen und Arbeiternehmer auf Mitgestaltung ihres beruflichen Umfeldes. Somit ist das Grundrecht auf Mitbestimmung ein aus liberalen Freiheitsrechten abgeleitetes soziales Recht, das zugleich ein politisches Recht ist, weil es die Ansprüche auf demokratische Partizipation im Wirtschaftsleben ausgestaltet. Der Soziologe Thomas H. Marshall hat darauf hingewiesen, dass beispielsweise das soziale Recht auf Koalitionsfreiheit zu den politischen Teilhaberechten zählt, die den Bürgerstatus auch in die Sphäre der Wirtschaft übertragen (*industrial citizenship*).[55] Maßgebliche Eckdaten der Wirtschaftsdemokratie haben ihren Ursprung damit in der Ausdeutung liberaler und sozialer Menschenrechte.

Während der Leitbegriff der »globalen sozialen Rechte« den Gesamtzusammenhang liberaler, politischer und sozialer Menschenrechte betont, kann man innerhalb der darin aufgehenden sozialen Menschenrechte fünf Typen unterscheiden:[56]

1. *Liberale Menschenrechte* mit sozialer Komponente (wie die Berufsfreiheit) und *soziale Menschenrechte* mit liberaler Komponente (wie das Recht auf Gesundheit),
2. *Politische Menschenrechte* mit sozialer Komponente (wie das Recht auf Mitbestimmung) und *soziale Menschenrechte* mit politischer Komponente (wie das Streikrecht),
3. *Gleichheitsrechte,* die soziale Inklusionsansprüche vermitteln,
4. *Rechte auf soziale Sicherheit,* die von sozialer Unterstützung bis zu Umwelt- und Gesundheitsschutz reichen und
5. *soziale Zielbestimmungen,* wie sie zum Beispiel in den Strukturprinzipien »sozialer Fortschritt« und »Weltfrieden« der UN-Charta zum Ausdruck kommen.

Alle fünf Elemente dieser Typologie haben das Potential, subjektive Ansprüche, individuelle soziale Rechte also, zu begründen, die gerichtlich durchsetzbar sein können. Der Befund, dass im geltenden Völkerrecht soziale Rechte mit Individualansprüchen existieren, führt unmittelbar zur wichtigsten Streitlinie: Was sind die Bedingungen dafür, dass wir subjektive Rechte zu gerichtlich durchsetzbaren Ansprüchen konkretisieren können?

Es gibt von konservativen Juristen eine Reihe von Vorbehalten gegen die Entfesselung des Potentials globaler sozialer Rechte. Man kann sie um die Einwände Vagheit, Realisierungskorridor, Ressourcenabhängigkeit und Nicht-Justiziabilität gruppieren:

1. *Vagheit:* Häufig wird vorgebracht, die sozialen Rechte seien zu vage, zu unbestimmt, als dass sie konkrete Rechte und Pflichten begründen könnten. Idealtypisch hat das Oberverwaltungsgericht Münster einzelnen Normen des UN-Sozialpaktes den Regelungsgehalt abgesprochen. Studierende, die sich unter Berufung auf den UN-Sozialpakt 2007 gegen Studiengebühren in Nordrhein-Westfalen zur Wehr setzten, könnten sich nicht auf diesen berufen:

> »Dem Vertragstext ... fehlt die hinreichende Bestimmtheit einer Rechtsnorm, die unter rechtsstaatlichen Gesichtspunkten erforderlich wäre, um den Bundesländern kraft Bundesrechts das Recht zur Erhebung von Abgaben für ein Hochschulstudium zu nehmen. Denn es können nicht die im Völkervertragsrecht üblichen und hinzunehmenden Bestimmtheitsmaßstäbe angelegt werden. Völkervertragsrecht ist wegen seiner politischen Natur und seines diplomatischen Kompromisscharakters häufig sprachlich unbestimmt und gelegentlich gar nicht auf Regelung eines Lebenssachverhalts, sondern auf sprachliche Verdeckung des Umstandes angelegt, dass in der Sache gerade nichts geregelt werden soll.«[57]

Diesem Versuch der Aushöhlung sozialer Rechte hat später das Bundesverwaltungsgericht widersprochen, das in seiner Entscheidung anerkannte, dass der UN-Sozialpakt durchaus Normen begründen könne und eben nicht nur ein politisches Dokument der Absichtsbekundung darstelle.[58] Das macht deutlich: Die Unbestimmtheit ist selbst ein unbestimmtes Kriterium. Alle Rechtsnormen sind unbestimmt. Es ist die Kernaufgabe des Rechts, Unbestimmtheit in Bestimmtheit zu überführen, oder: Unentscheidbarkeit in Entscheidbarkeit zu transformieren. Die Unbestimmtheit des Rechts ist der Ausgang eines jeden Rechtsstreits, in dem sich unterschiedliche Lesarten des Rechts im

Kampf um die herrschende Meinung gegenüberstehen. Rechtsnormen, zumal Menschenrechtsnormen, bedürfen immer der Konkretisierung. Der Satz »Die Würde des Menschen ist unantastbar« ist nicht weniger konkretisierungsbedürftig als die für das Verbot allgemeiner Studiengebühren einschlägige Norm des UN-Sozialpaktes, die lautet, dass »im Hinblick auf die volle Verwirklichung dieses Rechts [...] der Hochschulunterricht auf jede geeignete Weise, insbesondere durch allmähliche Einführung der Unentgeltlichkeit, jedermann gleichermaßen entsprechend seinen Fähigkeiten zugänglich gemacht werden muss.«

2. *Realisierungskorridor*: Die sozialen Rechte werden häufig nur unter dem Vorbehalt der Realisierbarkeit gewährt. So verpflichten sich die Vertragsstaaten des UN-Sozialpaktes nach Art. 2 Abs. 1 lediglich dazu, unter Ausschöpfung aller ihrer Möglichkeiten »Maßnahmen zu treffen, um nach und nach mit allen geeigneten Mitteln, vor allem durch gesetzgeberische Maßnahmen, die volle Verwirklichung der in diesem Pakt anerkannten Rechte zu erreichen«. Dass die sozialen Rechte nur schrittweise realisiert werden müssen, bedeutet nun aber nicht, dass ihre Konkretisierung unmöglich wäre. So differenziert das Überwachungsorgan des UN-Sozialpaktes, der UN-Sozialausschuss, konkrete Respektierungs-, Schutz- und Erfüllungspflichten aus. Es vertritt die Auffassung, dass der Realisierungskorridor, des Art. 2 (1) des UN-Sozialpaktes, Nachweis dafür sei, dass eben nicht nur unverbindliche Programmsätze vorliegen. Eibe Riedel formuliert zu Recht, »dass nach ganz herrschender Meinung Art. 2 (1) des Sozialpakts eine zwar allgemein und je nach den Bedingungen des jeweiligen Einzelstaates formulierte, aber rechtlich verbindliche Verpflichtung enthält.«[59] Aus dieser Verpflichtung können konkrete Verschlechterungsverbote erwachsen, wie zum Beispiel das Verbot, keine allgemeinen Studiengebühren einzuführen, aber eben auch schrittweise Optimierungsgebote, wie die Verpflichtung, Studiengebühren schrittweise abzuschaffen.

3. *Ressourcenabhängigkeit*: Die Hinweise auf die Ressourcenabhängigkeit sozialer Rechte und die Notwendigkeit der demo-

kratischen Entscheidung über den Einsatz knapper Ressourcen sind in der Völkerrechtspraxis nicht ohne Wirkung geblieben. Sie sind das Hauptmotiv dafür, dass die Staaten bei der Etablierung von Überwachungsgremien hinsichtlich der sozialen Rechte so zurückhaltend verfahren. Aber das verkennt, dass auch politische und liberale Menschenrechte durchaus ressourcenabhängig sind. Das gilt insbesondere dann, wenn sie die Einsetzung von Verfahren verlangen. Die Einrichtung von Patentschutzsystemen zum Schutz liberaler Eigentumsrechte weltweit ist beispielsweise nicht zum Nulltarif zu haben. Die Weltbank schätzt die Kosten zur Einführung eines mit dem WTO-Recht konformen Patentrechts in den Entwicklungsländern auf etwa 1,5 bis 2 Millionen Dollar pro Land und warnt:

> »Angesichts der dringlichen Bedürfnisse auf den Gebieten Bildung, Gesundheit und Politikreform ist es fraglich, ob die am wenigsten entwickelten Länder gewillt sein werden, diese Kosten abzufangen, und ob sie großen gesellschaftlichen Nutzen aus der Investition in diese ziehen werden. Darüber hinaus ist festzustellen, dass in armen Ländern ein extremer Mangel an ausgebildeten Verwaltungsbeamten und Richtern besteht; ein Teil der Kosten würde also darin liegen, knappe fachliche und technische Ressourcen von potentiell produktiveren Tätigkeiten abzuziehen.«[60]

Das Argument, die Einklagbarkeit sozialer Menschenrechte führe zu unübersehbaren Folgekosten, geht aber auch deshalb fehl, weil längst nicht alle Fragen sozialer Menschenrechte in Leistungsansprüchen münden. Häufig geht es um eine abwehrrechtliche Konstellation: Wenn das Recht auf Wasser durch Umweltverschmutzung verletzt wird, ist keine kostenintensive Leistung gefragt, sondern ein schlichtes Unterlassen, wie es dem klassischen liberalen Abwehranspruch entspricht. Wenn soziale Leistungsansprüche eingeklagt werden, geht die Anerkennung nicht in jedem Fall mit einer Belastung des staatlichen Haushalts einher. Die gerechte Verteilung von vorhandenen natürlichen Ressourcen wie Land und Wasser, die Anerkennung traditioneller

Nutzungsrechte von Indigenen oder anderen lokalen Gemeinschaften oder die Erlaubnis zur Produktion von Generika trotz bestehender Patente führen nicht zu höheren Staatsausgaben. Trotzdem bedeutet die Einklagbarkeit sozialer Rechte nicht automatisch, dass finanzielle Folgeerwägungen in den Entscheidungen der Gerichte unberücksichtigt blieben. Im Gegenteil. So hat der UN-Sozialausschuss den Vertragsstaaten einen Ermessensspielraum für den Ressourceneinsatz zuerkannt. Wenn die Staaten sich darauf berufen, dass ihre Ressourcenknappheit die Erfüllung von Pflichten verhindere, seien sie rechtfertigungspflichtig. In der Praxis des Sozialausschusses sind folgende Kriterien bei der Beurteilung der Rechtmäßigkeit des Ressourceneinsatzes zu beachten: die allgemeine Entwicklungslage des Staates, die Schwere der Rechtsverletzung, die ökonomische Situation des Vertragsstaates, die Existenz anderer notwendiger Ausgaben beispielsweise aufgrund von Naturkatastrophen.[61]

4. *Gerichtliche Durchsetzbarkeit*: Der letzte Einwand gegen soziale Menschenrechte zielt darauf, dass es aus strukturellen Gründen generell untunlich sei, »soziale Grundrechte in gleicher Weise als unmittelbar vollziehbare Normen [...] wie Freiheitsrechte« zu konzipieren.[62] Dieser Vorbehalt stellt die Justiziabilität der sozialen Rechte als solche in Frage und hat im Grunde zwei Ausprägungen. Die eine betrifft ihre Anwendbarkeit und erwägt, ob die jeweilige Norm strukturell geeignet ist, den jeweiligen Adressaten zu einem konkreten Verhalten zu verpflichten. Ferner ist fraglich, ob das Völkerrecht nur eine Rechtspflicht auferlegt, die zwar den Staat bindet, aber die Einzelnen nicht berechtigen soll, sich auf das Völkerrecht zu beziehen und die dort genannten Rechtsnormen auch einzufordern. Beides sind wichtige Felder der rechtspolitischen Auseinandersetzung, auf dem sich entscheidet, ob Normen individuell einklagbar sind oder ob ihnen der Stachel der gerichtlichen Durchsetzung gezogen wird.

An den Normen der Europäischen Sozialcharta kann man gut demonstrieren, welches Schicksal die sozialen Rechte ereilt, wenn man dieses Kampffeld zu früh räumt. So enthält die Sozialcharta ein Streikrecht, das nicht auf tarifbezogene, gewerkschaftsgeführte Streiks beschränkt ist. Der deutsche Sonderweg, der den sogenannten »politischen Streik« verbietet, widerspricht somit der Sozialcharta. Die Sozialcharta ist aber vor deutschen Gerichten weitgehend ohne Anwendung geblieben, obschon die Bundesrepublik die Europäische Sozialcharta ratifiziert hat. Begründet wird dies damit, dass die in der Charta normierten Bestimmungen als Ziele anzusehen seien, die die Vertragsstaaten zwar mit allen geeigneten Mitteln verfolgen sollten. Die herrschende Meinung in der deutschen Rechtspraxis schließt aber aus dem Terminus »Ziele«, dass die Charta keine subjektiven Rechte begründen wolle.

Das kann man mit guten Gründen anders sehen, so auch der Überwachungsausschuss. Dies verschafft sich im deutschen Recht erst sehr langsam Raum, vorherrschend ist immer noch die Sicht, dass die Sozialcharta keine individuellen Rechte begründe und die Spruchpraxis des Überwachungsausschusses unverbindlich sei. Transnationale Rechtspolitik muss hier Widerspruch erheben und auf die Verbindlichkeit dieser Normen hinwirken.[63]

Ähnlich ist die Lage im Hinblick auf die europäische Grundrechtecharta. So hat die Charta der Grundrechte der Europäischen Union eine Differenzierung zwischen »echten« Rechten und »Grundsätzen« eingeführt. Nach den amtlichen Erläuterungen soll das eine als »subjektives Recht« zu beachten sein, die Grundsätze seien aber nur allgemein einzuhalten. Auch hier findet sich im Kleingedruckten der Versuch, insbesondere die sozialen Rechte – denn gerade diese seien vor allem »Grundsätze« – systematisch dadurch zu schwächen, dass man sie nicht als einklagbare Rechte konzipiert, sondern nur als vage Grundrechte.[64]

Schließlich wird im Rahmen der Durchsetzbarkeit auch die Frage der Justiziabilität dieser Rechte vor internationalen Foren kontrovers diskutiert. Die Staaten sind bislang sehr zurückhaltend mit der Ermöglichung von Individualbeschwerdeverfahren beim UN-Sozialpakt und der Europäischen Sozialcharta. In beiden Fällen wird es in den rechtspolitischen Auseinandersetzungen darum gehen, eine Stärkung zu erstreiten. Normstrukturell lassen sich die Unterschiede der Judizialisierung sozialer, liberaler oder sozial-liberaler Menschenrechte nicht rechtfertigen.

Globale soziale Rechte sind keine eigene, von liberalen und politischen Menschenrechten prinzipiell unterscheidbare und darum weniger bindende Kategorie. Sie überschneiden sich mit den politischen und liberalen Menschenrechten, sind mit diesen auf Augenhöhe und unteilbar mit ihnen verbunden. Ohne die grundlegenden Rechte auf Selbstkonstituierung, das heißt auf soziale Existenzsicherung, auf ökologischen Schutz und auf Migration, sind die politischen und liberalen Menschenrechte hohl.

Die Probleme derjenigen, die in den Flüchtlingslagern dieser Welt leben, denen ökologische Katastrophen ihre Existenzgrundlage genommen haben, können liberale und politische Menschenrechte allein nicht hinreichend thematisieren. Die sozialen Menschenrechte sind darum die notwendige Ergänzung und nicht das Gegenteil der liberalen und politischen Rechte. Alle drei Dimensionen setzen sich wechselseitig voraus. Sie sind unteilbar. Die Gleichursprünglichkeit politischer, sozialer und liberaler Rechte ist wesentliche Bedingung für die Selbstkonstituierung der Individuen.[65] Und diese Unteilbarkeit heißt auch: Es gibt kein Recht ohne soziale Rechte. Globales Recht ist sozial, oder es ist kein Recht.

Das Demokratisierungspotential sozialer Rechte

Die emanzipatorische Aneignung der globalen sozialen Rechte hat das Potential, die getrennten Dimensionen der Menschenrechte wieder zusammenzuführen. Das setzt einseitig liberalen Verwendungsweisen eine alternative Lesart entgegen und eröffnet die

Chance, einen kritischen Begriff der Menschenrechte herauszuarbeiten. Mario Candeias weist pointiert auf die Stärke des Leitbegriffs der globalen sozialen Rechte hin, weil dieser »an den Alltag der Einzelnen anknüpfen« könne. Diesen Alltag, so Candeias weiter, bilden

> »von jeher die in langen Kämpfen von Arbeiter-, feministischen oder migrantischen Bewegungen errungenen sozialen Rechte. Auf diese Geschichte wird sich in aktuellen Kämpfen berufen. Letztere knüpfen nicht an ein abstraktes Menschenrecht an, sondern an Gefühle der Ungerechtigkeit und der Enteignung sozialer Rechte. Eine zweite Stärke des Begriffs ist, dass als ‚Globale' Soziale Rechte diese Kämpfe nun (zumindest potentiell) in eine transnationale Perspektive gerückt werden, die den global-kapitalistischen Zeiten gerecht wird, zugleich eben die Reartikulation häufig immer noch national verstandener Interessen anregt. Zugleich weist drittens die Realisierung wirklich Globaler Sozialer Rechte als konkrete Utopie in die Zukunft.«[66]

Diese emanzipatorische Aneignung geht über den Kampf um einzelne soziale, politische und liberale Menschenrechte hinaus. Vielmehr zeichnet sich im Kampf für globale soziale Rechte eine umfassendere konkrete Utopie mit einer originär demokratischen Dimension ab. Das hat der Marburger Staatsrechtler Wolfgang Abendroth am Begriff der Sozialstaatlichkeit im Grundgesetz bereits präzise herausgearbeitet. Beim Sozialstaatsgebot handele es sich eben nicht nur um eine vage Zielbestimmung ohne rechtliche Relevanz, sondern um die Garantie konkreter Rechte, die – das ist die demokratische Pointe Abendroths – die »Gesellschafts- und Wirtschaftsordnung selbst zur Disposition der demokratischen Willensbildung des Volkes« stellen.[67] Soziale Rechte böten die Grundlage dafür, nicht nur vom Staat, sondern auch von der Wirtschaft und anderen gesellschaftlichen Bereichen eine demokratische Organisation zu verlangen. Demokratie, so deutet Abendroth das Versprechen sozialer Rechte, soll eine Gesellschaftsform darstellen und keine Staatsform.

Die konkreten Ausgestaltungen der Wirtschaftsdemokratie, also die Unternehmensmitbestimmung, die Koalitionsfreiheit, die Sozialpflichtigkeit des Eigentums, die Demonstrationsrechte, das Recht auf politischen Streik oder das politische Mandat der Studierenden sind Beispiele dafür, dass sich die Demokratie nicht in der formaldemokratischen Parlamentarisierung erschöpfen darf. Die gesellschaftliche Demokratisierung muss über die sozialen Rechte erreicht werden, damit sich, schreibt Abendroth, »die formale Demokratie der staatlichen Organisation zur sozialen der Gesellschaft« erweitert.[68]

Soziale Rechte sind darum mehr als nur ein unverbindlicher Programmsatz, sie sind eine notwendige Bedingung für die Stabilität der demokratischen Ordnung. Die wirtschaftliche Macht muss einer demokratischen Kontrolle unterliegen. So sind die sozialen Rechte auch in dem Sinne bedeutsam, wie sich demokratische Prozesse in einer Gesellschaft verwirklichen und notfalls gegen Widerstände verteidigen lassen.

Die Funktion sozialer Rechte erschöpft sich nicht in der Garantie von soziokulturellen Minimalbedingungen, sondern sie fordert auch die demokratische Ausgestaltung der Entscheidungsverfahren. So rücken Formen gelebter Demokratie ins Blickfeld, die gegenwärtig in den Protesten von Bürgerinnen und Bürger und Jugendbewegungen – sei es an der Puerta del Sol in Madrid oder der Occupy-Bewegung – wieder aufleben. Dass die Demokratie nicht auf den einen Ort und die letzte Parlamentsentscheidung reduziert werden darf, sondern dass auf vielen Plätzen gleichzeitig demokratische Kämpfe stattfinden müssen, hat Wolfgang Abendroth schon 1954 treffend benannt:

> »Die lebendige und demokratisch organisierte Selbstverwaltung der Gebietskörperschaften [...], die Heranziehung der demokratischen Massenorganisationen, [...] die Sicherung der demokratischen Beteiligung aller an der planmäßigen Steuerung der wirtschaftlichen Prozesse, die über das Geschick der Gesellschaft entscheiden, bei ständigem Ringen gegen alle

gesellschaftlichen Gruppen, die Ausbeutungs- und Machtprivilegien verteidigen wollen – das sind die Kampffelder.«[69]

Für diese Radikalisierung des *einen* Demokratieprinzips, um das soziale Bewegungen schon seit Jahrhunderten kämpfen und in Zukunft kämpfen werden, sind soziale Rechte eine notwendige Bedingung. Sie machen in dieser Funktion eine demokratische Praxis jenseits des Staates erfahrbar, welche die Idee demokratischer Autonomie für die Menschen plausibel erscheinen lässt. Die sozialen Rechte sind Ausdruck einer notwendigen Ausweitung von demokratischen Partizipationsrechten auf die gesamte Gesellschaft. Heute geht es um die weltgesellschaftliche Entfesselung eines Demokratieprinzips, das historisch meist auf die enge Sphäre des Staates beschränkt war.

Die radikale Idee demokratischer Partizipationsrechte ist untrennbar mit der amerikanischen Revolution 1776 und der französischen Revolution 1789 verknüpft. Ein breites Bündnis unterer und bürgerlicher Klassen forderte in der Erklärung der Menschen- und Bürgerrechte vom 26. August 1789 das Recht auf demokratische Selbstregierung ein: »Das Gesetz ist der Ausdruck des allgemeinen Willens. Alle Bürger haben das Recht, persönlich oder durch ihre Vertreter an seiner Gestaltung mitzuwirken.« Für diese Rechtsrevolution steht immer noch exemplarisch die Gesellschaftsvertragslehre von Jean Jacques Rousseau. Hier wird das moderne Recht auf die demokratische Selbstbestimmung der Staatsbürger zurückgeführt: »Das Volk, das Gesetzen unterworfen ist, muß auch ihr Urheber sein; nur denen, die sich verbinden, liegt es ob, die Bedingungen der Vereinigung zu regeln.«[70]

Aus heutiger Sicht tut man gut daran, sich nochmals die Radikalität dieses demokratischen Postulats vor Augen zu halten. Ziel ist nicht nur, den Monarchismus durch eine neue Herrschaftsform abzulösen; vielmehr strebt das Demokratieprinzip in Richtung demokratischer Autonomie und Selbstregierung. Und damit richtet es sich gegen all jene auch gesellschaftlichen Herrschaftsverhältnisse, die dieser Autonomie zuwiderlaufen.

Nur wenn ich mich als Autor der Gesetze verstehen kann, denen ich mich unterwerfe, bin ich frei. Ist das Demokratieprinzip erst einmal in die Welt gesetzt, dient es als Standard, um all jene Verhältnisse einer Kritik zu unterziehen, unter denen Menschen sich nicht als Urheber ihrer eigenen Lebensverhältnisse verstehen können.

Das Demokratieprinzip ist historisch freilich an eine doppelte Grenze gestoßen: Einerseits haben die Revolutionen des 18. und 19. Jahrhunderts nur teilweise mit ihm ernst gemacht. Die Fremdherrschaft des Absolutismus wurde eben nicht durch das Demokratieprinzip, sondern durch einen neuen, von den bürgerlichen Erwerbsklassen und dem stetig wachsenden Verwaltungsapparat des modernen Staatswesens geprägten Herrschaftstyp abgelöst. Der Begriff der »bürgerlichen Revolutionen« verdeckt den Umstand, dass sich gerade subalterne Klassen eine Vielzahl der demokratischen Forderungen von 1776 und 1789 aneigneten und die bürgerlichen Klassen selbst oft nicht aufgeklärt waren, sondern historisch mit autoritären Herrschaftsmustern verbandelt. Es ist deshalb nicht verwunderlich, dass das Kernstück der Demokratie – das allgemeine und gleiche Wahlrecht – in Deutschland beispielsweise eben nicht durch eine »bürgerliche Revolution« eingeführt wurde.

Erst die Novemberrevolution 1918 entwickelte mit der Weimarer Verfassung einen demokratischen Verfassungstyp. Im 19. Jahrhundert war das Demokratieprinzip auch auf Probleme der gesellschaftlichen Entwicklung gestoßen. Mit der Ausbreitung der kapitalistischen Produktionsweise entwickelte sich eine soziale Herrschaftsform, gegen den die aufkommende Arbeiterbewegung aufbegehrte. Das Ideal demokratischer Autonomie und politischer Rechte erschien zunehmend nur die eine Hälfte der notwendigen Ziele zu sein: Wenn die Herrschaftsverhältnisse des Staates sich auf Wirtschaft und Gesellschaft ausdehnen, dann greift ein nur politischer, rein auf den Staat und die Gesetzgebung bezogener Emanzipationsanspruch zu kurz.

In seinen Frühschriften arbeitete Karl Marx eine solche Kritik des bürgerlichen Verfassungstyps aus. Exemplarisch steht dafür heute noch sein Text »Zur Judenfrage« von 1843. Marx' Ausgangspunkt ist die »Halbheit der politischen Emanzipation«[71] im staatlichen Konstitutionalismus seiner Zeit. Nicht nur, dass eine Gesellschaft entstanden ist, in der die bürgerlichen Erwerbsklassen das Sagen haben; auch die Menschenrechte selbst sind ein Herrschaftsmedium. Sie stellen sich für Marx nicht nur als Emanzipationsinstrument dar.

Mit den Eigentumsrechten und der Trennung in Staats- und Privatbürgerinnen und -bürger trägt der Staat direkt zur Konstitutionalisierung der bürgerlichen Gesellschaft – staatlich garantierte Abwehrrechte der Privatbürger gegen den Staat plus kapitalistische Wirtschaftsweise – bei: »Der Mensch [...] wurde nicht vom Eigentum befreit. Er erhielt die Freiheit des Eigentums. Er wurde nicht vom Egoismus des Gewerbes befreit. Er erhielt die Gewerbefreiheit.«[72] Diese Halbheit der politischen Emanzipation des Bürgertums hatte tiefgreifende Folgen. Denn die Sphären der Wirtschaft und des gesellschaftlichen Verkehrs, des Vertrags- und Privatrechts – all das wird als »natürlich« und unhintergehbar dargestellt.[73]

Marx deutet schließlich die Alternative zur unvollkommenen bürgerlich-politischen Emanzipation an:

> »Alle Emanzipation ist Zurückführung der menschlichen Welt, der Verhältnisse auf den Menschen selbst. Die politische Emanzipation ist die Reduktion des Menschen, einerseits auf das Mitglied der bürgerlichen Gesellschaft, auf das egoistische unabhängige Individuum, andererseits auf den Staatsbürger, auf die moralische Person. [...] erst wenn der Mensch seine ‚forces propres' als gesellschaftliche Kräfte erkannt und organisiert hat und daher die gesellschaftliche Kraft nicht mehr in der Gestalt der politischen Kraft von sich trennt, erst dann ist die menschliche Emanzipation vollbracht.«[74]

Es geht also darum, den Emanzipationsprozess zu radikalisieren: Die spezifische Verbindung von staatlichem Konstitutionalismus und gesellschaftlicher Ordnung muss auf den Prüfstand. Dazu muss die gesellschaftliche Ordnung selbst der Kritik zugänglich gemacht werden, wenn das Ziel der gesellschaftlichen Emanzipation im »Verein freier Menschen«[75] ernsthaft verfolgt wird.

Was hat nun der junge Karl Marx mit den sozialen Rechten zu tun?

Kurz gesagt: Er legt eine Forderung nach einer gesellschaftlichen, nicht nur staatlichen Emanzipation vor und weitet damit die Herrschaftskritik der Demokratie auf die gesamte Gesellschaft aus. Soziale Rechte können als ein Handlungsfeld beschrieben werden, das diesem Emanzipationsideal zur Geltung verhilft.

Soziale Rechte eröffnen Spielräume für Einspruch und Protest. In neueren Überlegungen zur Menschenrechtsentwicklung tritt dieses Motiv wieder prominent hervor. So betont beispielsweise der französische Philosoph Jacques Rancière die Bedeutung sozialer Kämpfe der Subalternen für die Menschenrechtsentwicklung. Recht alleine ist also kein Allheilmittel, das man nur verabreichen muss und das dann von selbst Wirkung zeigt. Vielmehr müssen wir uns die Menschenrechte wieder von unten mittels politischer Aktivität aneignen und damit ihre herrschaftskritische Dynamik freilegen: »Die Menschenrechte sind die Rechte des demos [...], die in spezifischen Szenen des Dissenses die paradoxe Berechtigung dieses Supplements vorführen.«[76] Nur wenn das Demokratieprinzip auf die Weltgesellschaft ausgeweitet wird und sich vom engen Staat-Bürger-Verhältnis löst, ist ein gesellschaftlicher Emanzipationsprozess denkbar.

Soziale Rechte sind auf mehr als nur die Umverteilung des gesellschaftlichen Reichtums gerichtet, sondern zielen darauf, diesen Prozess zu demokratisieren und über die ökonomische Sphäre hinaus auch andere Sphären der Benachteiligung einzubeziehen.

V. Arenen transnationaler Rechtspolitik

Exemplarisch seien im Folgenden drei zentrale Arenen transnationaler Rechtspolitik genannt, in denen der Kampf um globale soziale Rechte über die gegenwärtige Rechtsordnung hinausführen kann.

Auf europäischer Ebene kommt es darauf an, das soziale Europa zu verwirklichen. Auf der globalen Ebene ist die zentrale Herausforderung, eine zeitgemäße Antwort zu finden auf die Gefährdungen sozialer Rechte, die nicht von den Staaten, sondern von transnationalen Unternehmen ausgehen. Zugleich gilt es, nicht zu vernachlässigen, dass auch die Staaten und politischen Organisationen der Global Governance auf das emanzipatorische Ideal verpflichtet werden.

Europäische Sozialunion

Europa ist heute durch massive Prekarisierung geprägt. In der gesamten Europäischen Union gelten 16 Prozent der Bevölkerung, also rund 80 Millionen Menschen, als arm. Sie haben ein Einkommen, das unter 60 Prozent des jeweiligen nationalen Durchschnittseinkommens liegt. Insgesamt wächst die soziale Ungleichheit in der Europäischen Union seit Jahren.

Dass die europäische Wettbewerbsordnung zunehmend in die Krise gerät, hat seinen maßgeblichen Grund im sozialen und demokratischen Defizit der EU. Finanzialisierung und massive Lohnzurückhaltung haben zu ökonomischen Ungleichgewichten geführt. Hiergegen und gegen die dadurch hervorgerufene Perspektivlosigkeit richten sich die Aufstände, die Europa schon seit mehreren Jahren durchziehen. In den Pariser Banlieues sind es vor allem junge Menschen, die über soziale Stigmatisierung klagen, während auf den jüngsten Platzbesetzungen an der Madrider Puerta del Sol gut ausgebildete Studierende und Berufsneulinge ihre chancenlose Lage skandalisieren und eine *democracia real*, eine wahre Demokratie, einfordern. Sie plädieren für »ein Europa der Bürger und nicht der Märkte. Wir sind keine Waren in den Händen von Politikern und Bänkern.«[77]

Verschärft haben diese Krise sozialer Demokratie in Europa sowohl die ausbleibende Harmonisierung der Wirtschaftspolitik als auch die fehlende Europäisierung der Sozialpolitik. Insofern spielen die Prekarisierung der Arbeitsmärkte und des Sozialen eine zentrale Rolle. Soziale Mindeststandards wurden abgesenkt, während der Niedriglohnsektor und atypische Beschäftigungsverhältnisse anwachsen. Die nicht nur sozialpolitisch drängende Frage lautet, ob eine europäische Sozialunion Mindestlöhne und -einkommen so verankern könnte, dass sozio-ökonomischen Ungleichgewichten in Zukunft besser vorgebeugt werden kann. Bisher ist eine Europäisierung sozialer Rechte nur schwach erkennbar. Im Gegenteil sind sich die Rechtsprechung des Europäischen Gerichtshofs, die Europäische Kommission und die meisten Mitgliedsstaaten darin einig, dass Europa vor allem ein Raum des ökonomischen Wettbewerbs und nicht der sozialen Gerechtigkeit ist.

Die Krise der europäischen Wettbewerbsordnung geht jedoch über die sozio-ökonomische Dimension hinaus, denn sie ist eng mit der europäischen Demokratiekrise verbunden. Diese speist sich aus einer wachsenden Entfremdung zwischen der Mehrheit der Unionsbürger und den politischen und ökonomischen Eliten. Nicht zuletzt ist das europäische Verfassungsprojekt in Frankreich und den Niederlanden daran gescheitert, dass zunehmend mehr Menschen der Meinung sind, dass in Brüssel ihre Ängste, Themen und Sorgen keine Rolle spielen.

Wenn die europäische Idee wieder mit Leben gefüllt werden soll, ist es dringend erforderlich, mit einem Demokratisierungsprozess zu beginnen, ohne dabei in eine wirkungslose Re-Nationalisierung der Entscheidungsprozesse zurückzufallen. Für die

Überwindung beider Krisen – sozio-ökonomisch und demokratisch – kann eine Transnationalisierung sozialer Rechte zentrale Impulse geben.

Das aktuelle Krisenmanagement der EU ist allerdings weit davon entfernt, die soziale Frage angemessen in den Blick zu nehmen. Die EU setzt weiterhin auf eine Fortsetzung des marktliberalen Pfads. So sieht der Krisenpakt der Europäischen Union – das sogenannte »Six-Pack« – sogar eine Vertiefung der marktliberalen Ordnung vor: Im Verfahren zur »Vermeidung und Korrektur ökonomischer Ungleichgewichte« kann die Europäische Kommission künftig Strukturanpassungsprogramme durchsetzen und Sanktionen gegen staatliche Kreditnehmer veranlassen, wenn diese die Priorität des Schuldenabbaus missachten.

Insofern spitzt sich die Lage der Europäischen Union weiter zu und es stellt sich die Frage: Verschärft sie ihre marktliberale Verfasstheit und errichtet zunehmend autoritäre Regierungstechnologien oder begegnet sie der Krise mit einer Stärkung der sozialen Rechte, mit europäischer Demokratie und ökonomischer Umverteilung?

Wer eine europäische Sozialunion will, wird rechtspolitisch auf die Transformation der bisherigen marktliberalen Rechtsform hin zur Gewährleistung demokratischer und sozialer Rechte drängen müssen. Dafür braucht es institutionelle Reformen und gesellschaftlichen Druck.

Im Folgenden wollen wir vier Bereiche hervorheben, die für die Europäisierung sozialer Rechte eine wichtige Rolle spielen könnten: Die Stärkung der europäischen Sozialcharta, die Etablierung einer sozialen Unionsbürgerschaft durch ein Mindesteinkommenssystem, die Vitalisierung europäischer Demokratie und die Stärkung des europäischen Parlaments konkretisieren den Kampf um globale soziale Rechte auf europäischem Terrain.

1. Die *Stärkung der europäischen Sozialcharta und die Einrichtung eines europäischen Sozialgerichtshofs* kann eine Gegenentwicklung

zur marktliberalen Binnenmarktintegration einleiten. In der Sozialcharta hat sich der Europarat mehrheitlich auf genau diejenigen sozialen Rechte geeinigt, die vom Europäischen Gerichtshof systematisch den ökonomischen Grundfreiheiten untergeordnet werden: Streik- und Demonstrationsrechte und das Recht auf Kollektivverhandlungen.

In einer ganzen Serie von Urteilen hat der EuGH seit den 1970er und 1980er Jahren eine marktliberale Schlagseite entwickelt. Jüngstes Beispiel für seine Rechtsprechungslinie sind die Urteile in den Rechtssachen Laval, Viking, Luxemburg und Rüffert.[78] In den Fällen Laval und Viking wurden Streik- und Protestaktionen gegen Lohndumping vom EuGH als Verletzung der Grundfreiheiten gewertet. In der Rechtssache Luxemburg hat der EuGH arbeitsrechtliche Schutzstandards in Luxemburg für nicht europarechtskonform befunden. Im Fall Rüffert wurde dem Land Niedersachsen verboten, die Vergabe öffentlicher Aufträge an Tariflöhne zu binden.

Hier urteilt der EuGH jeweils, dass die vier ökonomischen Grundfreiheiten des Binnenmarktes – nämlich die freie Zirkulation von Waren, Personen, Dienstleistungen und Kapital – wichtiger sind als etwa die Tarifautonomie und die Streikrechte der Gewerkschaften. Es scheint so, als sei der *effet utile* des europäischen Rechts längst ein *effet néoliberal*, der die europäische Wettbewerbsordnung gegen Forderungen nach sozialer Gerechtigkeit abdichtet.[79]

Zwar ist infolge des Lissabon-Vertrages die europäische Grundrechtecharta rechtsverbindlich geworden, aber es ist unwahrscheinlich, dass der EuGH in Zukunft seine Binnenmarktorientierung revidieren wird. So positiv die skizzierten Rechtsprechungslinien des EuGH im Bereich der Antidiskriminierung, der grenzüberschreitenden Sozialansprüche von Unionsbürgerinnen und -bürgern und der Freizügigkeitspolitik sind: Der EuGH hat in Konflikten von Grundfreiheiten wie der Warenverkehrs- oder der Dienstleistungsfreiheit mit den sozialen Grundrechten bislang immer für die Grundfreiheiten votiert. Es gibt keine Anhaltspunkte, dass sich das in absehbarer Zeit grundlegend ändern könnte. Das gilt umso mehr, da in der Grundrechtecharta zwar einzelne soziale Rechte aufgenommen sind, aber diese Rechte überwiegend als Grundsätze deklariert werden, deren Einklagbarkeit damit bewusst im Unklaren gelassen wird.

Ein Durchbruch für die sozialen Rechte in Europa wäre es, wenn die EU selbst auf die Europäische Sozialcharta verpflichtet würde. Die Charta ist ein völkerrechtlicher Vertrag, der zum Recht des Europarates zugehört. Insgesamt 27 europäische Staaten, aber nicht alle Mitgliedsstaaten der EU haben sie unterzeichnet und ratifiziert. Die Charta fristet aktuell ein Schattendasein. Das Zusatzprotokoll zur Europäischen Sozialcharta und das darin enthaltene Kollektivbeschwerdeverfahren wurden kaum ratifiziert, auch nicht durch die Bundesrepublik.

Neben der gebotenen Ratifizierung spricht nichts dagegen, die Rechte der Sozialcharta auch vor Gericht bringen zu können sowie Individual- und Kollektivbeschwerden zu ermöglichen. Wenn im Unionsvertrag gefordert wird, dass die Europäische Union der Europäischen Menschenrechtskonvention beitreten soll, und mittlerweile der Entwurf einer Vereinbarung dazu vorliegt,[80] dann sollte die Europäische Union sich auch der Europäischen Sozialcharta verpflichten und zu einer der maßgeblichen Kräfte ihrer Stärkung werden. Darüber hinaus könnte ein gerichtliches Forum im Rahmen der Europäischen Sozialcharta, ein europäischer Sozialgerichtshof, das Netzwerk europäischer Gerichte ergänzen. Ein solches Gericht könnte komplementär zum Europäischen Gerichtshof für Menschenrechte in Straßburg eingerichtet werden. Man könnte aber auch das Straßburger Gericht mit der Überwachung der Sozialcharta betrauen. Beides läuft auf das Gleiche hinaus: Es bedarf einer gerichtlichen Instanz, die nicht wie der EuGH primär dem Binnenmarkt verpflichtet ist, sondern dafür Sorge trägt, dass die sozialen Rechte in Europa endlich zentrale Bedeutung erhalten. Es geht dabei nicht um einen juristischen Kniff und Zuständigkeitstricks; vielmehr stellt sich die Frage, wie und wo die Kollision zwischen sozialer Demokratie und marktliberaler Ökonomie im Medium des Rechts so verhandelt wird, dass die juridischen Vorfahrtsregeln nicht schon in der Grundkonstellation die sozialen Rechte in der Seitenstraße platzieren.

2. Wenn die Beobachtung zutrifft, dass die soziale Existenzsicherung zentral für Inklusion und demokratische Partizipation ist, hat dies direkte Auswirkungen für eine soziale Rechtspolitik in Europa. Ziel ist die *Etablierung einer sozialen Unionsbürgerschaft durch ein differenziertes Mindesteinkommenssystem.* Die Malaise der Perspektivlosigkeit gerade in den jüngeren Generationen wirkt krisenverschärfend: Löhne und Kaufkraft brechen ein; demokratisches Engagement und Zukunftsgestaltung werden durch materielle Unsicherheiten erschwert. Der Soziologe Pierre Bourdieu hat in der Prekarisierung der Lebensverhältnisse deshalb konsequenterweise eine »neuartige Herrschaftsform« identifiziert.[81] Das Recht auf ein Mindesteinkommen könnte hier ein nötiges Gegengift gegen die fundamentalen Existenzängste der Menschen in Europa sein. So hat der Beschäftigungsausschuss im Europäischen Parlament von den Mitgliedsstaaten jeweils Mindesteinkommenssysteme gefordert, die »Menschen aus Armut befreien und soziale Ausgrenzung verhindern.«[82]

Dabei stellt der Ausschuss fest, dass »in den meisten Mitgliedsstaaten« das Sozialhilfeniveau weit unter der Armutsgrenze liegt, die auf unter sechzig Prozent des nationalen Durchschnittseinkommens bemessen wird. Deshalb fordert der Ausschuss ein differenziertes Mindesteinkommen für alle Menschen in Europa, das sich an den Einkommensverhältnissen der jeweiligen Mitgliedsstaaten orientiert. Die sozialen Sicherungssysteme sollen ein Mindesteinkommen gewährleisten, während Mindestlöhne an den Arbeitsmärkten die Aufgabe haben, Lohndumping zurückzudrängen. Dabei wird die Forderung nach einem Mindesteinkommen als grundrechtlicher Anspruch begriffen. Die Europäische Kommission soll perspektivisch sogar die Effekte eines europäischen bedingungslosen Grundeinkommens ausloten: Nicht mildtätige Almosen wären das Programm, sondern einklagbare Rechtsansprüche. Mit der Forderung nach einem rechtlich garantierten, aber nach der jeweiligen ökonomischen Situation der Mitgliedsstaaten differenzierten Mindesteinkommen könnte der Kampf um soziale Rechte in der Europäischen Union Sprengkraft entfalten.[83]

Der Europäische Gerichtshof hat schon jetzt in einer Reihe von Urteilen zur Vervollständigung des Binnenmarktes und zur Erleichterung der Freizügigkeit festgehalten, dass alle Unionsbürgerinnen und -bürger, unabhängig von ihrer nationalen Zugehörigkeit, Zugang zu Sozialleistungen an ihrem jeweiligen Lebensort erhalten dürfen.[84] Damit liegen die Keimformen einer sozialen Unionsbürgerschaft vor, die in einem Mindesteinkommenssystem entsprechend zu qualifizieren und auf Mindestlöhne und wirtschaftliche Partizipation zu erweitern wären. Ziel muss sein, eine soziale Unionsbürgerschaft auszugestalten, die aus mehr als nur Freizügigkeits- und Antidiskriminierungsrechten besteht. Damit wäre eine Existenzsicherung erreicht, auf der weitere Forderungen nach Mitbestimmungsrechten und wirtschaftlicher Demokratisierung aufbauen könnten.

3. Der Kampf um soziale Rechte in Europa ist unmittelbar mit einer *Vitalisierung der europäischen Demokratie* verbunden. Die europäischen Eliten werden sich nicht alleine mit guten Argumenten von der Notwendigkeit der Europäisierung der sozialen Rechte überzeugen lassen. Sie brauchen demokratischen Druck. Es wäre falsch, primär auf die nationalstaatlichen Parlamente zu setzen. Diese sind selbst in den europäischen Wettbewerbsföderalismus verstrickt und vollziehen in vielerlei Hinsicht die Regeln des Binnenmarktes nach, statt sie zu verändern. Hoffnung geht vor allem von den Protesten wie den Besetzungen von Plätzen aus, wie der Puerta del Sol in Madrid oder des Syntagma in Athen. Diese Öffentlichkeiten könnten die Dynamiken und transnationalen Vernetzungen anstossen, die dem autoritären Krisenmanagement der EU-Kommission und der Mitgliedsstaaten eine demokratische Alternative entgegensetzen. Wir können, so pointiert dies ein Arbeitspapier des Instituts für so-

lidarische Moderne, »aufgrund der zugespitzten Widersprüche innerhalb der multiplen Krise einen sich aktivierenden Demos beobachten, der eine neue Demokratisierung zu erwirken imstande ist. Dieser Demos überwindet die Tristesse bloßer Latschdemos und der hörigen Anrufung von Parteien, Parlamenten und Gerichten, wächst im Politischen darüber hinaus, ohne die Politik und das politische System aus den Augen zu verlieren.«[85]

Die Bürgerinnen und Bürger Europas müssen sich die Gestaltungsmacht aneignen und den Nationalismus klassischer Politikformen überwinden. Dafür muss die weitverbreitete Empörung in und über Europa allerdings politisiert werden, denn spontane politische Öffentlichkeiten und Protestbewegungen laufen auch immer Gefahr, kurzlebig zu sein oder schlicht zu verpuffen. Ist ein Netzwerk progressiver Bewegungen gesponnen, dann gilt es den langwierigen Kampf um eine demokratische und soziale Europäische Union aufzunehmen. Die Auseinandersetzung hat keinen privilegierten Ort, sondern ist polyzentrisch strukturiert: Sie durchzieht das europäische Recht; sie trennt die Zivilgesellschaft der besetzten Plätze von der zivilen Gesellschaft der Brüsseler Lobbyisten; sie durchkreuzt das europäische Grenzregime und trägt Konflikte in die europäischen Institutionen.

Die durch den Lissabonvertrag eingeführte europäische Bürgerinitiative könnte ein solches Netzwerk praktisch wirksam machen. Die EU-Kommission kann durch die Unterschriften von einer Million Unionsbürgerinnen und -bürger zu einer politischen Maßnahme aufgefordert werden. Durch solche Initiativen könnten Spielräume dafür entstehen, dieses Verfahren für das Projekt der sozialen Rechte zu nutzen. Selbst wenn die Kommission versucht, soziale Anliegen auszuschließen, bleibt der Konflikt deutlich sichtbar. Und die transnationalen Netzwerke hätten damit zumindest vorübergehend ein gemeinsames Handlungs- und Mobilisierungsfeld, das eine Öffentlichkeit für die sozialen Rechte produziert.

4. Institutionell ist schließlich auf eine *Stärkung des europäischen Parlaments* zu drängen. Die aktuelle Krisenpolitik entzieht

sich weitgehend öffentlicher Diskussion. Die Mitgliedsstaaten verhandeln hinter verschlossenen Türen. Darüber hinaus sieht das Krisenpaket vor, die europäische Kommission in Fragen der Wirtschafts- und Finanzpolitik vom europäischen Parlament und den Mitgliedsstaaten zu entkoppeln: Die Kommission soll Sanktionen gegen Mitgliedsstaaten selbst dann veranlassen können, wenn eine Mehrheit im europäischen Rat dagegen votiert. Dadurch wird die Europäische Kommission damit beauftragt, die marktliberale Ausrichtung der Binnenmarktintegration gegen den Widerstand der Bürgerinnen und Bürger durchzusetzen. Europäische Demokratie geht anders. Um die Demokratieblockade in Europa zu überwinden, müssen die nationalen Regierungen die Bürgerinnen und Bürger entscheiden lassen. Nicht in einem Staffellauf nationaler Referenden, sondern in einem einheitlichen europaweiten Referendum, nach einem europäischen Wahlgesetz veranstaltet. Die Unionsbürgerinnen und Unionsbürger müssen als Kollektiv und nicht als Ansammlung nationaler Organisationseinheiten über die Frage des politisch verfassten Europas entscheiden.[86]

Wichtigster institutioneller Akteur in einem politisch verfassten Europa muss das Europäische Parlament sein. Schon jetzt ist das Parlament eigentlich nicht schwach: Im Rahmen des ordentlichen Gesetzgebungsverfahrens wirkt das Europäische Parlament in den meisten Politikfeldern gleichberechtigt mit. Bisher fehlt allerdings auf europäischer Ebene eine klare Unterscheidbarkeit von Regierung und Opposition.[87] Die Entscheidungen können nicht eindeutig einzelnen Parteien und Lagern zugerechnet werden, ein alternatives Europa ist mangels schlagkräftiger Opposition in Europa kaum sichtbar. Eine Stärkung des Europaparlaments und ein konstituierender Akt durch die europäische Bevölkerung würde die Politik der nationalen Patchworkreferenden beenden. Das schafft den europäischen Öffentlichkeiten neue Möglichkeiten, das soziale Europa als Alternative zu formen und politisch zu prägen. Die europäische Gegenmöglichkeit kann im politischen Prozess sichtbar werden.

Globale soziale Rechte und transnationale Unternehmen

Neben der Europäischen Union ist es die Bindung von transnationalen Unternehmen an die sozialen Menschenrechte, die im Zentrum einer zeitgemäßen Rechtspolitik stehen sollte.

Dass die Deutsche Bank AG einerseits auf Ernteausfälle, Nahrungsmittelknappheit und Hungertote spekuliert und andererseits zugleich in vollmundigen Erklärungen im Rahmen der Global Compact Initiative der Vereinten Nationen die Einhaltung der Menschenrechte versprechen kann, ist Zeichen der komplexen Problematiken transnationaler Rechtspolitik. Wie können auch private Unternehmen so an die globalen sozialen Rechte gebunden werden, dass ihnen echte Rechtspflichten auferlegt werden? Wie werden Menschenrechte von einem Marketinginstrument zu durchsetzbaren Rechtspflichten für Unternehmen? Es ist die dringende Aufgabe, Antworten auf die neuartigen Gefährdungen der globalen sozialen Rechte zu finden, die nicht von der Weltpolitik, sondern von transnationalen Unternehmen ausgehen.

Doch welche Pflichten – wenn überhaupt – fordert das Völkerrecht von transnationalen Unternehmen? Über viele Jahrzehnte hinweg war die Grundannahme unverbrüchlich, dass das Völkerrecht eine Rechtsordnung von und für Staaten sei. Autoren und Adressaten des Völkerrechts wären also Staaten und nicht Individuen oder Unternehmen. Die transnationale Konstellation weltumspannender Kommunikation, globaler sozialer Systeme von Wirtschaft, Wissenschaft und Technik ruft aber die Frage hervor, wie das Völkerrecht und wie insbesondere die Menschenrechte auf diese umfassenden Transnationalisierungsprozesse reagieren. Hans Kelsen hatte bereits 1934 prognostiziert, dass »[i]n demselben Maß, als das Völkerrecht mit seiner Regelung in Materien eindringt, die bisher nur durch die einzelstaatliche Rechtsordnung normiert waren, [...] sich seine Tendenz zu unmittelbarer Berechtigung und Verpflichtung der Individuen verstärken« müsse.[88]

Forderungen nach einer unmittelbaren Verpflichtung nichtstaatlicher Akteure treffen aber weiterhin auf deutlichen Widerstand.

Für die Opfer von Verstößen gegen das globale Recht durch transnationale Unternehmen ist es äußert schwierig, ihre Ansprüche durchzusetzen. Dies lässt sich sehr drastisch an der Verletzung sozialer Menschenrechte demonstrieren, die das Recht auf Nahrung betreffen.

Die Erdölförderung im Nigerdelta hat horrende Umweltverschmutzungen zur Folge. Konsortien transnationaler Unternehmen unter der Führung des britisch-niederländischen Ölkonzerns Shell haben Landstriche verwüstet, sich an der Hinrichtung des Menschenrechtsanwalts Ken Saro-Wiwa sowie seiner Unterstützer beteiligt und soziale Rechte des Volks der Ogoni verletzt. Jüngst erst hat das United Nations Environment Programme in einer mehrere hundert Seiten umfassenden Dokumentation die Kontaminierungen nachgezeichnet, die aus der Ölförderung im nigerianischen Ogoniland erwachsen.[89]

Die Ölförderung verletzt das Recht auf Nahrung, aber auch das Kollektivgut »Schutz der natürlichen Umwelt«. Dieser Schutz ist eines der zentralen Anliegen globaler sozialer Rechte, ihre ökologische Kernforderung. Denn die ökologischen Rechte sind eng mit den Menschenrechten verwoben. Häufig deuten die Gerichte liberale und soziale Menschenrechte auch ökologisch aus. Man spricht dann von der »Ökologisierung der Menschenrechte«. So hat der Europäische Gerichtshof für Menschenrechte die Umweltschutzkomponente der Europäischen Menschenrechtskonvention aus dem »Recht auf Leben und dem Recht auf Privatsphäre« entwickelt. Und auch der UN-Menschenrechtsausschuss legt den UN-Zivilpakt so aus, dass dem Pakt ökologische Menschenrechte zu entnehmen seien.

Die umweltbezogene Einfärbung gilt in besonderem Maße für die sozialen Menschenrechte. So gelten das Recht auf einen angemessenen Lebensstandard einschließlich ausreichender Ernährung, Bekleidung und Unterbringung sowie das Recht auf Gesundheit im UN-Sozialpakt auch als Recht auf sichere ökologische Rahmenbedingungen für die menschliche Existenz. Der Ausschuss nach dem UN-Sozialpakt hat darum diese beiden Normen als Ausdruck einer Garantie für das »Recht auf Wasser« verstanden.[90]

All diese Fundamentalnormen richten sich in der traditionellen Konzeption zunächst einmal an den Staat. Diesem obliegt eine völkerrechtliche Pflichtentrias im Hinblick auf die betroffenen Rechte: 1. Die Respektierungspflicht verpflichtet Staaten, Verletzungen der Rechte zu unterlassen. 2. Die Schutzpflicht erlegt den Staaten auf, vor Übergriffen seitens Dritter zu schützen und 3. haben die Staaten im Rahmen der Gewährleistungspflicht für die volle Durchsetzung der Menschenrechte gegebenenfalls durch aktive Maßnahmen Sorge zu tragen.

Das transnationale Unternehmen Shell kann man über diese Trias nicht direkt rechtlich verpflichten. Und so zeigt sich die Hilflosigkeit des globalen Rechts im Hinblick auf die Menschenrechtspflichten transnationaler Unternehmen auch darin, dass Shell bislang von keinem Gerichtsforum verurteilt wurde.

Die Zuständigkeit nationaler Gerichte ist wiederum häufig unklar, weil sie voraussetzt, dass es eine rechtliche Verbindung zum Gerichtsstaat gibt, also dass das Unternehmen, die Opfer oder der Tatort die Jurisdiktion des jeweiligen Staates begründen. Das ist bei Menschenrechtsverletzungen häufig schwer zu bewerkstelligen. Wenn die nigerianischen Opfer einer Menschenrechtsverletzung, die in Nigeria stattgefunden hat, eine ausländische Tochtergesellschaft eines transnationalen Unternehmens verklagen wollen, ist juristische Kreativität gefragt. Die US-amerikanische Rechtsordnung eröffnet hier relativ weite Spielräume. In den USA können Unternehmen bei schweren Menschenrechtsverletzungen auch dann zur rechtlichen Verantwortung gezogen werden, wenn es keine enge Verbindung der Tat zu den USA gab. Darum leiteten die Opferanwälte wegen der Ermordung Ken Saro-Wiwas ein Verfahren vor einem New Yorker Gericht ein. Weil das Gericht im Juni 2009 eine Schadensersatzklage gegen Shell für zulässig erachtet hatte, kam es zu einem Rechtsvergleich zwischen Shell und den Opfern, in dessen Rahmen sich das Unternehmen zur Zahlung von 15 Millionen US-Dollar verpflichtete.[91] Abgesehen von diesem Verfahren, in dem die Möglichkeiten des US-amerikanischen Rechts genutzt wurden, gibt es aber auf der globalen Ebene keine weitere direkte Verurteilung von Shell.

Lediglich Nigeria wurde in einem Verfahren vor der Afrikanischen Kommission der Menschenrechte und der Rechte der Völker für die Verletzung des Rechts auf Nahrung verurteilt. Die Kommission betonte dort, wie zentral das Recht auf Nahrung im System der Menschenrechte ist, und stellte fest:

> »Das Recht auf Nahrung verlangt, dass die nigerianische Regierung keine Nahrungsquellen vernichten und kontaminieren darf [...]. Die Regierung hat Nahrungsgebiete durch ihre Sicherheitskräfte und die staatliche Ölgesellschaft zerstört [...] und die Nahrungsrechte der Ogoni-Gemeinschaften evident verletzt.«[92]

Ausgangspunkt dieser Entscheidung der Afrikanischen Kommission war die Beteiligung des nigerianischen Staates an den Verletzungen sozialer Rechte.

Welche konkreten Menschenrechtsverpflichtungen bestehen nun aber für transnationale Unternehmen?

Die Versuche, in einem Entwurf zur völkerrechtlichen Unternehmensverantwortung und der Erklärung zur menschlichen Sozialverantwortung universell verbindliche Kodizes mit unmittelbarer Geltung zu erarbeiten, sind gescheitert. Konjunktur haben derzeit Konzepte, die auf eine Freiwilligkeit bei der Bindung an Menschenrechte setzen. Diese freiwilligen Erklärungen sind nicht unproblematisch. Sie sind aber ein Anfang. Man sollte nicht vorschnell ihre rechtliche Geltung unter Hinweis auf den Selbstverpflichtungscharakter unternehmensbezogener Codes of Conduct kategorisch ablehnen. Recht ist nicht nur, was die Staaten festlegen. Auch in der Gesellschaft werden Rechtsnormen generiert. Wer das Recht zu eng an den Staat knüpft, verkennt das Spezifikum sozialer Normen.

Im Kampf ums Recht geht es seit jeher darum, dass über die Bedeutung symbolischer Texte diskutiert wird. Auch der Gedanke, dass die Verfassung die Politik bindet, musste erst rechtlich erstritten werden. Die Magna Charta war zunächst nicht als justiziables Dokument gedacht.

Globale soziale und demokratische Rechtspolitik wird in ähnlicher Form die freiwilligen Selbstverpflichtungserklärungen in zwingende soziale globale Rechte transformieren müssen. Die zukünftige Verpflichtung auch transnationaler Unternehmen zur Einhaltung der Menschenrechte dürfte in einem multidimensionalen Ansatz liegen, der verbindliche Grundregeln, Anreize und freiwillige Initiativen zusammenfasst. An Initiativen für die Schaffung solcher Normen mangelt es nicht. Besondere Bedeutung haben erlangt: 1. Der United Nations Global Compact (UNGC): Eine öffentlich-private Initiative der UN, die auf die Verbreitung von zehn universellen Prinzipien zielt – darunter die Menschenrechtsbindung von Unternehmen. 2. Im Mai 2010 hat der UNGC eine Vereinbarung mit der Global Reporting Initiative geschlossen, um die Einsetzung der zehn Prinzipien mittels der »G3-Guidelines« zu beobachten. Erstmals wird es in diesem Kontext also Leitlinien für einen solchen Überwachungsmechanismus geben. 3. Ferner ist die Internationale Standardisierungsorganisation zu nennen. Ebenfalls im Mai 2010 hat sie die »ISO 26000 on Social Responsibility« als Entwurf verabschiedet. Diese ISO-Norm trägt entscheidend zur Standardisierung unternehmensbezogener Menschenrechtspflichten bei. 4. Auch die ILO-Deklaration zu den Kernarbeitsnormen statuiert eine Bindung von Unternehmen an die Menschenrechte: In der »Erklärung über die grundlegenden Prinzipien und Rechte bei der Arbeit« aus dem Juni 1998 wurden universelle Grundprinzipien für international tätige Unternehmen statuiert, so etwa das Verbot der Kinderarbeit. 5. Und schließlich sind die OECD-Guidelines für multinationale Unternehmen zu nennen, ein Verhaltenskodex für weltweit verantwortliches Handeln von Unternehmen.

All diesen Bemühungen ist zunächst einmal gemeinsam, dass sie als »Empfehlungen«, »Standardisierungsversuche«, »freiwillige Selbstverpflichtungen« und damit nicht als Recht in einem formellen Sinn deklariert wurden. Das schließt nun aber nicht aus, dass der Rechtscharakter dieser zunächst als soziale Normen entwickelten Regeln in Auseinandersetzungen um deren Gehalt erkämpft werden kann.[93]

Die Rechtsverbindlichkeit dieser Regeln kann auch im Zusammenwirken mit nationalem Recht hervortreten: Es gehört mittlerweile zu den gängigen Klagestrategien transnationaler Anwaltsnetzwerke, dass sie Codes of Conduct beim Wort nehmen. Nach den nationalen Wettbewerbs- oder Verbraucherrechten sind unternehmerische Selbstverpflichtungen häufig dann als rechtlich verbindlich zu werten, wenn sie entsprechende Erklärungen gegenüber den Verbrauchern enthalten. Die Beachtung der selbstgesetzten Standards kann so vor den Gerichten des Landes, in dem das Unternehmen seinen Hauptsitz hat, durchgesetzt werden.

Das sind erste zaghafte Versuche, mit der Menschenrechtsbindung transnationaler Unternehmen Ernst zu machen.

Globale soziale Rechte, die auch transnationale Unternehmen zwingen, können hierbei aus dem komplexen Zusammenspiel verschiedener Ordnungsmuster der transnationalen Konstellation – staatlicher und nicht-staatlicher Provenienz – erwachsen. So zieht auch John Ruggie, seit 2005 Sonderberichterstatter des UN-Generalsekretärs für »Menschenrechte und transnationale Unternehmen«, in seinen Zwischenberichten aus den Jahren 2008 und 2009 genau auf diese Multidimensionalität. Ruggie macht komplementäre Verantwortlichkeiten hinsichtlich der Menschenrechte aus und systematisiert die damit zusammenhängenden Pflichten in einem Drei-Säulen-System. Sein Schutz-Respekt-Rechtsbehelfs-Konzept umfasst neben der staatlichen Pflicht, vor Menschenrechtsverletzungen zu schützen, auch die Unternehmensverantwortung, die Menschenrechte zu respektieren, also eine unmittelbar unternehmensgerichtete Sorgfaltspflicht, nicht in die Rechte anderer einzugreifen. Hinzu tritt das

Recht auf Zugang zu Verfahren gerichtlicher und nicht-gerichtlicher Art. Neben den traditionellen staatlichen Pflichten benennt er also eine originäre Unternehmensverantwortung, deren rechtlicher Verbindlichkeitsgrad einem »nahezu universellen« Konsens entspringe. In den Worten von Ruggie:

> »Hierbei bedeutet ‚nahezu-universell' zweierlei: Erstens ist die den Unternehmen obliegende Bemühensverantwortung von nahezu jeder Corporate Social Responsibility-Initiative anerkannt, unterstützt von den größten Unternehmensverbänden der Welt, bestätigt im Global Compact und seinen weltumspannenden nationalen Netzwerken und verankert in soft law-Instrumenten wie der ILO-Deklaration und den OECD-Richtlinien. Zweitens werden Verletzungen dieser sozialen Norm regelmäßig durch lokale Gruppen, Netzwerke der Zivilgesellschaft, Medien inkl. Blogs, Beschwerdeverfahren wie die der OECD in die Weltöffentlichkeit getragen ... Dieses transnationale Regime erreicht nicht nur westliche multinationale Unternehmen.«[94]

Konsequenterweise buchstabiert Ruggie in seinem Abschlussreport von 2011 die Unternehmensverantwortung weiter aus. Den Unternehmen wird demnach auferlegt, bestimmte Sorgfaltspflichten für die Gewährung der Menschenrechte einzuhalten.[95]

Die Arbeit Ruggies wird dafür kritisiert, dass seine Pflichtentrias nicht weit genug gehe. Tatsächlich wird insbesondere im Bereich der sozialen Rechte darauf zu dringen sein, dass es nicht nur Abwehrrechte gegen Unternehmen geben soll, sondern transnationale Unternehmen auch zu Leistungen verpflichtet werden müssen. Im schon genannten Beispiel der Patente auf Medikamente sind durchaus Situationen denkbar, in denen eine Pflicht der Patentinhaber entstehen kann, Generika zu ermöglichen oder lebensnotwendige Medikamente zur Verfügung zu stellen.

Was bedeutet das für die Durchsetzung globaler sozialer Rechte in Unternehmen? Auf jeden Fall sind Abwehr- und Leistungsrechte auch gegenüber Unternehmen einzufordern. Aber genauso sollten die politischen Menschenrechte so weiterentwickelt werden, dass der Partizipationsgedanke auch gegenüber Unternehmen zur Geltung kommen kann. Die Aarhus-Konvention hat innovative Beteiligungs- und Kontrollstrukturen gegenüber Unternehmen in Umweltangelegenheiten errichtet. So bleibt auch die Stärkung der Mitbestimmungsregeln in transnationalen Unternehmen eine zentrale Herausforderung.

Für alle Dimensionen gilt es, gerichtliche Zugangswege zu eröffnen. Der Ruggie-Report systematisiert daher das »Recht auf Zugang zu Verfahren, gerichtlicher und nicht-gerichtlicher Art« aus und verweist auf die im Jahr 2006 von der Generalversammlung der Vereinten Nationen verabschiedeten »Grundprinzipien und Leitlinien betreffend das Recht der Opfer von groben Verletzungen der internationalen Menschenrechtsnormen und schweren Verstößen gegen das humanitäre Völkerrecht«. Diese hat die Generalversammlung als Ausdruck des Völkergewohnheitsrechts bezeichnet. Dennoch bleibt die Frage, ob aus dem geltenden Völkerrecht etwa eine Entschädigungspflicht ableitbar ist. Müssen Unternehmen die Opfer von Rechtsverletzungen kompensieren, wenn die Verletzungen ihnen zuzurechnen sind? Konservative Völkerrechtlerinnen und Völkerrechtler verneinen ein aus dem Völkerrecht resultierendes Individualrecht auf Entschädigung ganz und gar. Eine gefestigte herrschende Meinung gibt es aber nicht. Zunächst ist fraglich, welche globalen sozialen Rechte überhaupt von den Grundprinzipien und Leitlinien umfasst sind, ob diese etwa nur bei »groben« Verletzungen der Menschenrechte gelten. Restriktive Antworten darauf verweisen auf die Entstehungsgeschichte der Grundprinzipien. Im Rahmen der Verhandlungen wurden unter »groben Verletzungen« in erster Linie nur Delikte der Kategorie Genozid und Sklaverei verstanden. Allerdings wurde darauf verzichtet, eine enge Lesart der Grundprinzipien zu definieren. Stattdessen wurde im Entwurfsprozess darauf hingewiesen, dass auch »systematische Verletzungen« die Rechtspflichten der Entschädigung auslösen könnten. Hier wird eine soziale Rechtspolitik darum zu kämpfen haben, möglichst viele Verletzungen in die Entschädigungspraxis einzubeziehen.

Noch grundsätzlicher ist aber der Streit darüber, ob die von Ruggie systematisierten Verfahrens- und Entschädigungsansprüche auch bei Verletzungshandlungen privater Personen oder Unternehmen gelten. Die restriktive Sicht macht hier wiederum geltend, dass die Grundprinzipien ausschließlich staatsgerichtet seien. Das findet im Wortlaut der Grundprinzipien aber keine Stütze, denn diese statuieren die Pflicht, »denjenigen, die behaupten, Opfer von Menschenrechtsverletzungen oder Verstößen gegen das humanitäre Recht zu sein, gleichen und wirksamen Zugang zur Justiz zu verschaffen, wie nachstehend beschrieben, gleichviel, wer letztendlich die Verantwortung für die Verletzung oder den Verstoß trägt«.[96] Es lässt sich also gut vertreten, dass auch privat zu verantwortende Verletzungen globaler sozialer Rechte Individualansprüche auf eine angemessene, wirksame und rasche Wiedergutmachung auslösen können.

Kurzum: Gestützt auf die Grundprinzipien und Leitlinien kann man aus dem geltenden Recht durchaus eine Pflicht von Unternehmen ableiten, die Opfer schwerer Verletzungen globaler sozialer Rechte zu entschädigen. Es ist diese Argumentationslinie, die im Kampf um die herrschende Meinung im globalen Recht noch wirkmächtiger Unterstützung bedarf und um die es aktuell eine ganze Reihe von Rechtsstreitigkeiten gibt.

Institutionen globaler sozialer Rechte

Es bleibt die Frage offen, vor welchen Foren solche Rechtsnormen durchgesetzt werden könnten. Hier bestehen Unterschiede, je nachdem, ob man auf staatliche, regionale oder globale Durchsetzbarkeit zielt.

Die Infrastruktur der Nationalstaaten hat auch bei der Durchsetzung der globalen sozialen Rechte eine maßgebliche Funktion. Nicht nur die US-amerikanische Rechtsordnung hat Möglichkeiten dafür geschaffen, menschenrechtliche Fundamentalnormen dezentral, also vor nationalen Gerichten, durchzusetzen.

Über eine »Funktionsverdopplung«, wie George Scelle sie genannt hat,[97] können nationale Gerichtsentscheidungen Weltrechtsgeschichte schreiben. Sie stellen nicht nur eine wichtige Ergänzung zu internationalen Institutionen dar, sondern werden selbst zum Motor der Durchsetzung und Stärkung globaler sozialer Rechte. So haben spanische und britische Gerichte den dezentralen Schutz vor staatlicher Willkürgewalt im Pinochetfall maßgeblich gestärkt. So nehmen US-amerikanische Gerichte, in zahlreichen Fällen gegen die Interessen US-amerikanischer Außenpolitik, eine Vorreiterrolle bei der Durchsetzung des globalen Rechts ein.

Auch in der deutschen Rechtsordnung können nationale Richterinnen und Richter in den Deutungskampf ums globale Recht eingreifen. Das betrifft alle Rechtsgebiete und beginnt bei den sozialen Menschenrechten, wo nach progressiver Lesart dem UN-Sozialpakt ein Verbot der Einführung von Studiengebühren zu entnehmen ist, setzt sich fort in der Diskussion um das Verbot des Angriffskrieges und den Verfassungsproblemen deutscher Militäreinsätze und reicht bis zum Weltrechtsprinzip bei Kriegsverbrechen.

Die Möglichkeiten sind längst nicht ausgeschöpft. So könnte die deutsche Rechtsordnung parallel zum US-amerikanischen Recht bestimmte Verletzungen globaler sozialer Rechte mit Schadensersatzpflicht belegen, selbst wenn die Tat keinen Bezug zur deutschen Rechtsordnung aufweist. Dies wäre eine zivilrechtliche Parallele zum Völkerstrafgesetzbuch. Das deutsche Völkerstrafgesetzbuch macht von der Möglichkeit Gebrauch, Fundamentalnormen des Völkerrechts vor den deutschen Strafgerichten durchzusetzen, unabhängig davon, ob es einen Bezug der Tat zur deutschen Rechtsordnung gibt. Völkermörder können demnach in Deutschland verurteilt werden, egal welche Nationalität Täter oder Opfer haben, egal wo die Tat begangen wurde. Es genügt, dass man des Täters habhaft wurde. So wie die US-Rechtsordnung ermöglicht, dass transnationale Unternehmen bei der Verletzung von Fundamentalnormen vor den

Zivilgerichten verklagt werden, könnte auch in der deutschen Rechtsordnung der Zugang über das Weltrechtsprinzip eröffnet werden, um die Verletzer globaler sozialer Rechte auch zivilrechtlich zur Verantwortung zu ziehen.[98]

Neben der Verbesserung der staatlichen Infrastruktur müssen die bestehenden regionalen und globalen Foren des Menschenrechtsschutzes gestärkt werden. Das gilt einmal in der Gerichtspraxis. So hat das Bundesverfassungsgericht zwar anerkannt, dass im deutschen Recht Entscheidungen des Internationalen Gerichtshofs und des Europäischen Gerichtshofs für Menschenrechte zu berücksichtigen sind. Im Hinblick auf die Stellungnahmen der Ausschüsse nach dem UN-Zivilpakt und dem UN-Sozialpakt, nach der Europäischen Sozialcharta, aber auch zum Beispiel des United Nations High Commissioner for Refugees, der die Einhaltung der Genfer Flüchtlingskonvention überwacht, gibt es aber bis heute kontroverse Diskussionen. Auch hier ist darauf zu dringen, dass die Stellungnahmen dieser Ausschüsse vor den nationalen Gerichten berücksichtigt werden müssen. Die Organe der Internationalen Arbeitsorganisation ILO, die über die Einhaltung der Kernarbeitsnormen wachen, werden genauso zu stärken sein, wie das im Rahmen der OECD eröffnete Beschwerdeverfahren, mit dem die Einhaltung der OECD-Guidelines für multinationale Unternehmen überwacht werden kann.

Daneben ist darauf hinzuwirken, dass die Bundesregierung die einschlägigen Zusatzprotokolle endlich ratifiziert und sich dem Kollektivbeschwerdeverfahren nach der Europäischen Sozialcharta und dem Individualbeschwerdeverfahren nach dem UN-Sozialpakt unterwirft.

Aber es ist nicht alleine hinreichend, dass die Verfahren zur Überprüfung staatlicher Rechtsverletzungen intensiviert werden. Auch die nichtstaatlichen Akteure müssen stärker als bislang in das System der globalen Gerichtsbarkeit einbezogen werden. Transnationale Unternehmen wie auch internationale Organisationen, zum Beispiel die Vereinten Nationen oder die NATO, werden der Jurisdiktion der Menschenrechtsforen zu unterstellen sein. Die EU hat sich der Gerichtsbarkeit des Europäischen Gerichtshofs für Menschenrechte unterworfen, sollte dies aber auch beim UN-Zivilpakt, dem UN-Sozialpakt und der Europäischen Sozialcharta tun. Das Gleiche gilt für die NATO und die UN und erst recht für transnationale Unternehmen.

Die Polemik der globalen sozialen Rechte

Was ist die Konsequenz dieser Betrachtungen für gesellschaftliche Praxen, die globale soziale Rechte erkämpfen wollen?

Rechte auf soziale Existenzsicherung und Teilhabe, auf eine intakte Umwelt und Bewegungsfreiheit setzen in der Rechtsentwicklung der Weltgesellschaft an und verweisen doch auf ein Anderes. Das Versprechen globaler sozialer Rechte liegt nicht im ausgeklügelten Entwurf einer besseren Weltordnung. Erst einmal bleibt es beim bescheidenen Anspruch, den Widerspruch im globalen Recht zu ermöglichen; dabei, dass die Praxis der kritischen Aneignung der Menschenrechte in den Arenen rechtspolitischer Auseinandersetzung Haltepunkte findet. Wir werden uns in die Niederungen und Begrifflichkeiten des Menschenrechtsdiskurses begeben müssen, um – wie Adorno es formuliert hat – »endlich einmal in diesen Muff einen Funken zu bringen, der ihn möglicherweise doch explodieren lässt«.[99]

Die globalen sozialen Rechte sind dabei polemisch gegen das bestehende System der Rechte gerichtet. Widerstreit im Recht ist das, was von dem emanzipatorischen Leitbegriff erwartet werden kann. Ohne *pólemos*, also »Streit«, »Auseinandersetzung«, »Widerspruch«, ist eine andere Welt nicht zu haben. Zart streiten die globalen sozialen Rechte für das Gröbste: das Ideal der Emanzipation.

Dank

Sonja Buckel, Elisa Ewert, Katharina Gedrat, Felix Hanschmann, Monika Hobbie, Martha Kautzky, Steffen Kommer, Wolfgang Kaleck, Tillmann Löhr, Lena Luczak, Nora Markard, Juliane Nittinger, Wiebke Otto, Susanne Schüssler und das Team des Zentrums für europäische Rechtspolitik (www.zerp.eu) haben den Text mit Anregungen, Kritik und durch vielfältige Unterstützung verbessert. Die DFG hat die Arbeit an diesem Buch mitfinanziert. Wir danken allen sehr.

Literatur

1 António Guterres, »Flucht und erzwungene Migration«, *Rede auf dem Berliner Symposium zum Flüchtlingsschutz im Juni 2010*, abrufbar unter (letzter Abruf 25.10.2011) http://www.unhcr.de/presse/material/reden.html?L=zyiamepzhaaupshv

2 Thomas Faist, »The Transnational Social Question«, in: *International Sociology* 24 (2009), S. 7 ff.

3 Bob Deacon, »Theorising Global Social Policy. Globale Sozialpolitikforschung und Weltgesellschaftsforschung«, in: *Zeitschrift für Sozialreform* 56 (2010), S. 151 ff. (155).

4 Thomas W. Pogge, »Prioritäten globaler Gerechtigkeit«, in: Ulrich Beck/Angelika Poferl, *Große Armut, großer Reichtum. Zur Transnationalisierung sozialer Ungleichheit*, Frankfurt am Main 2010, S. 666 ff. (676); Simon Caney, »Global Poverty and Human Rights: The Case for Positive Duties«, in: Thomas W. Pogge (Hrsg.), *Freedom from Poverty as a Human Right*, Oxford 2007, S. 275 ff.; siehe ferner Ulrike Davy, »Soziale Gleichheit – ein Anliegen für Verfassungen?«, in: *Zeitschrift für Sozialreform* 56 (2010), S. 295 ff. (308 ff.); Benjamin Davy/Sony Pellissery, »Climate change and global social policy«, in: *Global Social Policy* 11 (2011), S. 106 ff.; siehe auch die Beiträge in: Manfred Füllsack (Hrsg.), *Globale soziale Sicherheit*, Berlin 2006, und schließlich die Darstellung auf der Homepage der Forschergruppe FLOOR (letzter Abruf 11.10.2011) http://www.floorgroup.raumplanung.tu-dortmund.de/joomla/

5 Siehe die Universidad Nómada, *Manifesto of the Commons towards a New Charter of Social Rights*, 22.05.2011, abrufbar unter (letzter Abruf 11.10.2011) http://www.universidadnomada.net/spip.php?article372

6 So schon Hannah Arendt zur Menschenrechtsidee in: *Elemente und Ursprünge totaler Herrschaft*, München 2009, S. 614.

7 Thomas Seibert, »Globale Soziale Rechte in der Konvergenz von politischer Aktion und Philosophie«, in: *Kritische Justiz* 41 (2008), S. 337.

8 Siehe die Plattform www.globale-soziale-rechte.de, an der sich attac, das Netzwerk Kein Mensch ist illegal, die IG Metall und die NGO medico international beteiligen (letzter Abruf 28.10.2011).

9 Michael Hardt/Antonio Negri, *Empire. Die neue Weltordnung*, Frankfurt am Main 2002, S. 13.

10 Otto von Gierke, *Die soziale Aufgabe des Privatrechts* (1889), Nachdruck 1946, S. 28f.

11 Olivier de Schutter, *The global food crisis is not over*, 26.06.2009, abrufbar unter (letzter Abruf 20.10.2011) http://www.ohchr.org/EN/NewsEvents/Pages/DisplayNews.aspx?NewsID=8991&LangID=E, Übersetzung durch die Verf.

12 The World Bank, *Poverty Reduction and Equity Group*, August 2011, S. 1.

13 Siehe Thore Prien, »Landgrabbing. Symptom einer postneoliberalen Rechtsordnung?«, in: *Juridikum* 2010, S. 425ff; Steffen Kommer, »Agroenergie und das Recht auf Nahrung«, in: *Kritische Justiz* 44 (2011), S. 170ff.

14 Olivier de Schutter, Special Rapporteur on the right to food, *Report: Agribusiness and the right to food*, A/HRC/13/33 v. 22.12.2009, Ziff. 6.

15 Grain, *Grabbing for Land*, 18. Januar 2009, abrufbar unter (letzter Abruf 20.10.2011) http://www.grain.org/seedling/?id=580, Übersetzung durch die Verf.

16 Weltbank, *Poverty Reduction and Equity Group*, August 2011, S. 1, Übersetzung durch die Verf.

17 Rajagopal Balakrishnan, *International Law from Below. Development, Social Movements and Third World Resistance*, Cambridge 2003, S. 18, Übersetzung durch die Verf.; siehe auch Colin Crouch, *Das befremdliche Überleben des Neoliberalismus*, Berlin 2011, S. 189ff., der die Bedeutung des zivilgesellschaftlichen Engagements bei der Geltendmachung der transnationalen Corporate Social Responsibility betont.

18 Jacques Derrida, *Marx' Gespenster*, Frankfurt am Main 2004, S. 121.

19 Zur Konjunktur und Kritik solcher bellizistischer Interpretationen eines Weltbürgerrechts siehe Oliver Eberl, *Demokratie und Frieden. Kants Friedensschrift in den Kontroversen der Gegenwart*, Baden-Baden 2008, S. 92ff. und Nadja Meisterhans, *Menschenrechte als weltgesellschaftliche Herrschaftspraxis*, Baden-Baden 2010, S. 103ff.

20 Friedrich Engels/Karl Kautsky, »Juristen-Sozialismus«, *MEW* 21, S. 491ff. (509), Hervorhebung im Original.

21 Thomas Pogge, »Weltarmut, Menschenrechte und unsere Verantwortung«, in: Detlef Horster (Hrsg.), *Welthunger durch Weltwirtschaft*, Weilerswist 2010, S. 74ff. (87).

22 Otto Kirchheimer, »Reichsgericht und Enteignung: Reichsverfassungswidrigkeit des Preußischen Fluchtliniengesetzes?« (1930), in: Ders./Wolfgang Luthardt (Hgg.), *Von der Weimarer Republik zum Faschismus: Die Auflösung der demokratischen Rechtsordnung*, Frankfurt am Main 1976, S. 77ff. (78).

23 Franz L. Neumann, *Die Herrschaft des Gesetzes* (1936), Frankfurt am Main 1980, S. 33.

24 Otto Kirchheimer, »Zur Staatslehre des Sozialismus und Bolschewismus« (1928), in: Ders., *Von der Weimarer Republik zum Faschismus*, Frankfurt 1976, S. 32 ff. (36).

25 Jürgen Habermas, *Theorie des kommunikativen Handelns II*, Frankfurt am Main 1981, S. 229 ff.

26 Zum Verhältnis von Recht und Politik auf globaler Ebene: IGH, *Gutachten zum Bau einer Mauer in den besetzten palästinensischen Gebieten*, 09. Juli 2004, ICJ Rep. 2004, S. 136 ff. (155, Rdn. 41).

27 Der Klassiker für diese Denklinie ist Rudolf Wiethölter, *Rechtswissenschaft*, Frankfurt am Main 1968; siehe auch Uwe Wesel, »hM«, in: Ders., *Aufklärungen über Recht. Zehn Beiträge zur Entmythologisierung*, Frankfurt am Main 1981, 14 ff.

28 Vgl. zu einer solchen Verbindung von Analyse und Politisierungsspielräumen bei Kirchheimer: Gunther Teubner, »›Man schritt auf allen Gebieten zur Verrechtlichung‹: Rechtssoziologische Theorie im Werk Otto Kirchheimers«, in: Marcus Lutter/Ernst C. Stiefel/Michael Hoeflich (Hgg.), *Der Einfluß deutschsprachiger Emigranten auf die Rechtsentwicklung in den USA und in Deutschland*, Tübingen 1993, S. 505 ff. Parallelen zu diesem anspruchsvollen Modell, das an Kirchheimers Analysen anschließt, finden sich in der materialistischen Rechtstheorie in den Arbeiten von Eugen Paschukanis: Ders., *Allgemeine Rechtslehre und Marxismus. Versuch einer Kritik der juristischen Grundbegriffe* (1924), 3. Auflage, Frankfurt am Main 1970.

29 Michel Foucault, »Das Subjekt und die Macht«, in: Hubert L. Dreyfus/Paul Rabinow (Hgg.), *Michel Foucault. Jenseits von Strukturalismus und Hermeneutik*, 2. Aufl., Weinheim 1982/1994, S. 243 ff. (245).

30 Rudolf Jhering, *Der Kampf ums Recht* (1872), 8. Aufl., Frankfurt am Main 2003, S. 100.

31 Diese Formulierung bei Jean-François Lyotard, *Das postmoderne Wissen*, Wien 1985, S. 236; vgl. Friedrich Müller/Ralph Christensen/Michael Sokolowski, *Rechtstext und Textarbeit*, Berlin 1997, S. 68 ff.

32 Eine Aktualisierung dieser an Kirchheimer anknüpfenden materialistischen Tradition für das europäische Recht hat Sonja Buckel ausgearbeitet: Sonja Buckel, *Subjektivierung und Kohäsion*, Weilerswist 2007, S. 313 ff.

33 Niklas Luhmann, »Die Weltgesellschaft«, in: *Archiv für Rechts- und Sozialphilosophie* 57 (1971), S. 1 ff. (26).

34 Stephen Gill, »Constitutionalizing inequality and the clash of globalizations«, in: *International studies review* 4 (2002), S. 47 ff.; Hans-

Jürgen Bieling, »Die Konstitutionalisierung der Weltwirtschaft als Prozess hegemonialer Verstaatlichung«, in: Sonja Buckel/Andreas Fischer-Lescano (Hgg.), *Hegemonie gepanzert mit Zwang – Zivilgesellschaft und Politik im Staatsverständnis Antonio Gramscis*, Baden-Baden 2007, S. 143 ff.

35 Jean Ziegler, *Das Imperium der Schande*, München 2008, S. 69.

36 Lutz Leisering, »Gibt es einen Weltwohlfahrtsstaat?«, in: Mathias Albert/Rudolf Stichweh (Hgg.), *Weltstaat und Weltstaatlichkeit. Beobachtungen globaler politischer Strukturbildung*, Wiesbaden 2007, S. 185 ff. (188).

37 Wolfgang Abendroth, »Zum Begriff des demokratischen und sozialen Rechtsstaates im Grundgesetz der Bundesrepublik Deutschland« (1954), in: Ders., *Gesammelte Schriften Band 2*, Hannover 2008, S. 338 ff. (insbes. 354); siehe auch schon Otto Bauer, »Das Gleichgewicht der Klassenkräfte« (1924), in: Hans Jörg Sandkühler/Rafael de la Vega (Hgg.), *Austromarxismus. Texte zu Ideologie und Klassenkampf*, Frankfurt am Main 1970, S. 79 ff.

38 Auch wenn schon seit den 1960er Jahren an eine Aufweichung zu beobachten war, siehe Duncan Wood, *Governing Global Banking. The basel comittee and the politics of financial globalization*, Aldershot/Burlington 2005, S. 32.

39 G20, *Declaration-Summit on Financial Markets and the world economy*, 15.11.2008, Ziff 2.

40 Griechenland, EU-Kommission, EZB & IWF, *Memorandum of Understanding on Specific Economic Policy Conditionality*, 2. Mai 2010.

41 Jürgen Habermas/Jacques Derrida, »Nach dem Krieg: Die Wiedergeburt Europas«, *FAZ*, 31. Mai 2003, S. 33 f.

42 Diplomatic Courier, *Top 9: Dr. Franziska Brantner*, 2011, abrufbar unter (letzter Abruf 25.10.2011) http://www.diplomaticourier.com/index.php?option=com_content&view=article&id=525:top-9-dr-franziska-brantner&catid=62:top-99-under-33&Itemid=191

43 Siehe etwa Fritz W. Scharpf, »The Asymmetry of European integration, or why the EU cannot be a ‚social market economy'«, in: *Socio-Economic Review* 8 (2009), S. 211 ff.

44 Leisering, obere Fn. 36, 192.

45 Siehe Tillmann Löhr, *Schutz statt Abwehr. Für ein Europa des Asyls*, Berlin 2010; jüngst Jürgen Gottschlich/Sabine am Orde (Hgg.), *Europa macht dicht. Wer zahlt den Preis für unseren Wohlstand?*, Frankfurt am Main 2011.

46 ICSID, *Aguas del Tunari S.A. v. Republic of Bolivia* (ICSID Case No. ARB/02/3).

47 Ernst-Wolfgang Böckenförde, *Staat. Nation. Europa*, Frankfurt am Main 1999, S. 123.

48 Niklas Luhmann, »Der Staat des politischen Systems. Geschichte und Stellung in der Weltgesellschaft«, in: Ulrich Beck (Hrsg.), *Perspektiven der Weltgesellschaft*, Frankfurt am Main 1998, S. 345 ff. (369).

49 Jürgen Habermas, *Strukturwandel der Öffentlichkeit*, Frankfurt am Main 1990, S. 27.

50 Ders., *Zur Verfassung Europas*, Frankfurt am Main 2011.

51 Vgl. ILC Study Group, *Fragmentation of international law – difficulties arising from the diversification and expansion of international law*, Genf 2006.

52 Theodor W. Adorno, *Minima Moralia*, 22. Aufl., Frankfurt am Main 1994, S. 67.

53 Siehe das Fakultativprotokoll zur Einführung des Individualbeschwerdeverfahrens im Rahmen des UN-Sozialpaktes (UN GA Res. A/RES/63/117 vom 10. Dezember 2008). 39 Staaten haben das Fakultativprotokoll unterzeichnet (die BRD noch nicht), fünf Staaten haben das Protokoll bislang erst ratifiziert (Argentinien, Mongolei, Ecuador, El Salvador und Spanien), mit der 10. Ratifikation wird das Protokoll in Kraft treten, zum Stand der Ratifikationen: http://treaties.un.org/Pages/ViewDetails.aspx?src=TREATY&mtdsg_no=IV-3-a&chapter=4&lang=en.

54 Eibe Riedel, »Menschenrechte der dritten Generation«, in: *Europäische Grundrechte-Zeitschrift (EuGRZ)* 1989, S. 9 ff.

55 Siehe Thomas H. Marshall, *Citizenship and social class and other essays*, Cambridge 1950.

56 Vgl. auch die Typologie bei Karl-Jürgen Bieback, »Soziale Rechte«, in: *Kritische Justiz* 43 (2010), S. 230 ff.

57 OVG Münster, *DVBl* 2007, 1442.

58 BVerwGE 134, 1 ff.

59 Eibe Riedel, »Zur Durchsetzung wirtschaftlicher, sozialer und kultureller Rechte im Völkerrecht«, in: Thomas Giegerich/Andreas Zimmermann, *Wirtschaftliche, soziale und kulturelle Rechte im globalen Zeitalter*, Berlin 2008, S. 71 ff. (81).

60 World Bank, *Global Economic Prospects 2002: Making Trade Work for the World's Poor*, Washington 2002, S. 136 ff.

61 UN-Sozialausschuss, *Erklärung zur Ressourcenallokation*, 10.05.2007, E/C.12/2007/1, Ziff. 10.

62 Wolfgang Rüfner, in: Merten/Papier (Hrsg.), *Handbuch Grundrechte II*, Heidelberg 2007, § 40 Leistungsrechte, Rdn. 53.

63 Tino Frieling/Roland Czycholl, »Auswirkungen der Europäischen Sozialcharta auf das Arbeitskampfrecht. Das Streikrecht aus Art. 6 Abs. 4 ESC als vorrangige gesetzgeberische Entscheidung«, in: *Zeitschrift für europäisches Sozial- und Arbeitsrecht* 2011, S. 322 ff.

64 Thomas Giegerich, »Steuern Völker- und Europarecht die Globalisierung ›im Geiste der Brüderlichkeit‹?«, in: Thomas Giegerich/Andreas Zimmermann (Hgg.), *Wirtschaftliche, soziale und kulturelle Rechte im globalen Zeitalter*, Berlin 2008, S. 7 ff. (26 ff.).

65 Jürgen Habermas, »Zur Legitimation durch Menschenrechte«, in: Hauke Brunkhorst/Peter Niesen (Hgg.), *Das Recht der Republik*, Frankfurt am Main 1999, S. 386 ff. (390 f.).

66 Mario Candeias, »Prekarisierung als Kampf um Globale Soziale Rechte und Perspektiven feministisch-sozialistischer Transformation«, in: Roland Klautke/Brigitte Oehrlein, *Globale Soziale Rechte. Zur emanzipatorischen Aneignung universaler Menschenrechte*, Hamburg 2008, S. 175 ff. (190 f.).

67 Wolfgang Abendroth, »Zum Begriff des demokratischen und sozialen Rechtsstaates im Grundgesetz der Bundesrepublik Deutschland«, in Alfred Herrmann (Hrsg.), *Aus Geschichte und Politik. Festschrift für Ludwig Bergstraesser*, Düsseldorf 1954, S. 279 ff. (Wiederabdruck in Wolfgang Abendroth, *GS2*, 346 ff.); siehe schon Hermann Heller, »Rechtsstaat oder Diktatur?«, in: Mehdi Tohidipur (Hrsg.), *Der Bürgerliche Rechtsstaat, Band 1*, Frankfurt am Main 1978, S. 159 ff. (165): »Bedeutet doch die Forderung der sozialen Demokratie des Proletariats nichts andres als die Ausdehnung des materiellen Rechtsstaatsgedankens auf die Arbeits- und Güterordnung.«

68 Wolfgang Abendroth, »Funktion der Gewerkschaften in der westdeutschen Demokratie« (1952), in: Ders.: *Gesammelte Schriften Band 2*, S. 216 ff. (222).

69 Wolfgang Abendroth, »Demokratie als Institution und Aufgabe« (1954), in: Ders.: *Gesammelte Schriften Band 2*, S. 407 ff. (415).

70 Jean Jacques Rousseau, *Vom Gesellschaftsvertrag*, 2. Buch, 6. Kapitel, Leipzig 1958, S. 43 f.

71 Karl Marx, »Zur Judenfrage«, *MEW 1*, 351.

72 Karl Marx, »Zur Judenfrage«, *MEW 1*, 369.

73 Karl Marx, »Zur Judenfrage«, *MEW 1*, 369.

74 Karl Marx, »Zur Judenfrage«, *MEW 1*, 370.

75 Karl Marx, »Das Kapital«, *MEW 23*, 92.

76 Jacques Rancière, »Wer ist das Subjekt der Menschenrechte?«, in: Menke/Raimondi (Hgg.), *Die Revolution der Menschenrechte*, Frankfurt am Main 2011, S. 474 ff. (485).

77 Siehe (letzter Abruf 21.10.2011) www.democraciarealya.es.

78 Siehe die Urteile: EuGH, Viking – C-438/05 vom 11. Dezember 2007, Laval – C 341/05 vom 18. Dezember 2007, Rüffert – C 346/06 vom 3. April 2008 und Luxemburg – C 319/06 vom 19. Juni 2008.

79 Siehe Christoph Schmid, »Vom effet utile zum effet néoliberal.

Eine Kritik des neuen judiziellen Expansionismus des Europäischen Gerichtshofs«, in: Andreas Fischer-Lescano/Florian Rödl/Christoph Schmid (Hgg.), *Europäische Gesellschaftsverfassung*, Baden-Baden 2009, S. 33 ff.

80 Zu den Ungereimtheiten dieses Prozesses: Theodor Schilling, »Der Beitritt der EU zur EMRK. Verhandlungen und Modalitäten. Fast eine Polemik«, in: *HFR* 2011, S. 83 ff.

81 Pierre Bourdieu, »Prekarität ist überall«, in: »Gegenfeuer. Wortmeldungen im Dienste des Widerstands gegen die neoliberale Invasion«, *UVK* 1998, S. 96 ff.

82 Siehe den Bericht über die Förderung der sozialen Integration und die Bekämpfung der Armut A6-0364/2008, Ziff. 2a.

83 Hier ergeben sich Anschlüsse an ein Modell von unterschiedlichen Sozialkorridoren innerhalb der EU; siehe Klaus Busch, »Das Korridormodell – relaunched. Ein Konzept zur Koordinierung wohlfahrtsstaatlicher Politiken in der EU«, *Friedrich-Ebert-Stiftung, Internationale Politikanalyse*, Berlin 2011.

84 Siehe Sonja Buckel, »Staatsprojekt Europa«, in: 52 (2011), S. 636 ff. Buckel führt die Rechtsprechungslinie auf eine Kohäsionskrise der EU Ende der 1990er Jahre zurück, 8. In der Rs. C-85/96 Martinez Sala, 12.5.1998 hat der EuGH das erste Mal festgehalten, dass Unionsbürger Zugang zu den Sozialsystemen ihres jeweiligen Lebensorts erhalten müssen, unabhängig von ihrer Staatsangehörigkeit. Hier habe der EuGH die »transnationalen sozialen Rechte nichterwerbstätiger UnionsbürgerInnen hervorgebracht.«

85 Institut solidarische Moderne, »Für einen neuen Modus des Politischen«, *WP Summer Factory 2011*.

86 Jürgen Habermas, »Europapolitik in der Sackgasse: Plädoyer für eine Politik der abgestuften Integration«, in: Ders., *Ach, Europa*, Frankfurt am Main 2008, S. 96 ff. (125).

87 Zur zentralen Funktion dieser Metacodierung Niklas Luhmann, *Politik der Gesellschaft*, Frankfurt am Main 2000, S. 97.

88 Hans Kelsen, *Reine Rechtslehre* (1934), Studienausgabe, hrsg. v. Jestaedt, 2008, 143.

89 United Nations Environment Programme, *Environmental Assessment of Ogoniland*, Nairobi 2011.

90 UN-Sozialausschuss, *General Comment 15* (2002), E/C.12/2002/11 v. 20.01.2003.

91 US District Court Southern District of New York, Wiwa vs. Shell Petroleum, 96 Civ. 8386, Vergleich vom 08. Juni 2009.

92 African Commission on Human and Peoples Rights, SERAC, Center for Economic and Social Rights v. Nigeria, Oktober 2001, ACHPR/COMM/A044/1, Rdn. 65 f.

93 Zur Emergenz nicht dispositiver Rechtsregeln im Bereich des *lex mercatoria:* Moritz Renner, *Zwingendes transnationales Recht,* Baden-Baden 2010.

94 John Ruggie, *Report of the Special Representative of the Secretary-General on the issue of human rights and transnational corporations and other business enterprises* 2009, Ziff. 47, Übersetzung durch die Verf.

95 John Ruggie, *Guiding Principles on Business and Human Rights: Implementing the United Nations 'Protect, Respect and Remedy' Framework,* 21.03.2011, A/HRC/17/31.

96 UN GA, A/RES/60/147, 21.03.2008, Guidelines, Ziff. 3)c).

97 George Scelle, *Précis de droit des gens, Bd. I,* Paris 1932, S. 47; hierzu Antonio Cassese, »Remarks on Scelle's Theory of ›Role Splitting‹ (dédoublement fonctionnel) in International Law«, *EJIL* 1990, S. 210 ff.

98 Der UN-Sozialausschuss hat die Bundesrepublik ferner dafür kritisiert, dass bei »Investitionen deutscher Unternehmen im Ausland Menschenrechte nicht gebührend berücksichtigt« werden und von der Bundesrepublik gefordert, »sicherzustellen, dass die Richtlinien für Investitionen deutscher Unternehmen im Ausland den wirtschaftlichen, sozialen und kulturellen Rechten in den Aufnahmeländern dienen.« (UN-Sozialausschuss, 46. Sitzung, 12. Juli 2011, E/C.12/DEU/CO/5, Absatz 10).

99 Theodor W. Adorno, *Erziehung zur Mündigkeit,* Frankfurt am Main 1971, S. 133 ff. (137).

ANDREAS FISCHER-LESCANO ist Professor für Öffentliches Recht, Europarecht, Völkerrecht und Rechtstheorie an der Universität Bremen und geschäftsführender Direktor des Zentrums für europäische Rechtspolitik (www.zerp.eu). Er ist Mitherausgeber der Zeitschrift *Kritische Justiz* und leitet zwei Forschungsprojekte im Bremer Sonderforschungsbereich »Staatlichkeit im Wandel«.

KOLJA MÖLLER ist wissenschaftlicher Mitarbeiter am Sonderforschungsbereich »Staatlichkeit im Wandel« und Stipendiat der Studienstiftung des deutschen Volkes.

Politik bei Wagenbach

Petra Dobner Bald Phoenix – bald Asche
Ambivalenz des Staates
Broschiert. WAT 623. 96 Seiten

Wolfgang Kaleck Mit zweierlei Maß
Der Westen und das Völkerstrafrecht
Gebunden. 144 Seiten

Christoph Möllers Demokratie – Zumutungen und Versprechen
Broschiert. WAT 580. 128 Seiten

Stefan Huster Soziale Gesundheitsgerechtigkeit
Sparen, umverteilen, vorsorgen?
Gebunden. 96 Seiten

Tillmann Löhr Schutz statt Abwehr
Für ein Europa des Asyls
Broschiert. WAT 628. 96 Seiten

Hacı-Halil Uslucan Dabei und doch nicht mittendrin
Die Integration türkeistämmiger Zuwanderer
Gebunden. 112 Seiten

Immanuel Wallerstein Die Barbarei der anderen
Europäischer Universalismus
Broschiert. WAT 554. 112 Seiten

Norberto Bobbio Ethik und die Zukunft des Politischen
Herausgegeben und mit einem Vorwort von Otto Kallscheuer
Broschiert. WAT 622. 144 Seiten